U0135290

# HERMES

在古希腊神话中，赫耳墨斯是宙斯和迈亚的儿子，奥林波斯神们的信使，道路与边界之神，睡眠与梦想之神，亡灵的引导者，演说者、商人、小偷、旅者和牧人的保护神……

西方传统　经典与解释 **HERMES**
Classici et Commentarii

**布鲁姆集**

刘小枫◉主编

# 人应该如何生活

## ——柏拉图《王制》释义

## The Republic of Plato

[美]阿兰·布鲁姆 Allan Bloom ｜ 著

刘晨光 ｜ 译

華夏出版社

古典教育基金•“传德”资助项目

# “布鲁姆集”出版说明

阿兰·布鲁姆(1930—1992)因其《美国精神的封闭》(1987)一书引发争议,不仅在美国名气很大,在我国读书界也名气不小。我们知道,他是出生于普通社工(social worker)家庭的才子:15 岁上芝加哥大学,18 岁本科毕业,25 岁以研究古希腊修辞家伊索克拉底斯(Isocrates)的博士论文获得博士学位。

38 岁那年(1968),布鲁姆翻译的柏拉图《王制》出版,并附有义疏,为他赢得了古典学家的声誉,尽管译文因严格按字面翻译而过于生硬,受到不少批评。同一年,布鲁姆还出版了他翻译的卢梭《就剧院致达朗贝尔的信》,11 年后又翻译出版了卢梭自认为最重要的著作《爱弥儿》(1979)。无论柏拉图的《王制》还是卢梭的《爱弥儿》,都是大部头经典。我们可以设想,倘若不是哈钦斯(1899 - 1977)校长划时代地改造了芝加哥大学本科教育,确立起“阅读大书(Great Books)”的博雅教育理念,[①]布鲁姆这样的罕见才子恐怕不会把自己的大量人生时间用来翻译这样的大部头经典。

《美国精神的封闭》引发的争议让我们想起卢梭在 39 岁那年因《论科学和文艺》而引发的争议。尽管卢梭在其写作生涯的开端就惹事,布鲁姆惹事时已经 57 岁,他们惹事的性质都一样:挑明了民

---

① 参见哈钦斯等著,《大学与博雅教育》,落崖编/译,北京:华夏出版社,2015。

主政体必然会面临的公民教育难题。《美国精神的封闭》有这样一个副标题："高等教育如何导致民主失败和大学生心灵枯竭"(How Higher Education Has Failed Democracy and Impoverished the Souls of Today's Students)。在卢梭的时代,民主政体尚未形成,不可能谈论相应的高等教育问题,但《美国精神的封闭》与《论科学和文艺》所挑明的问题一以贯之:即便民主政体也应该封闭国家精神。

建立民主政体得凭靠哲学,民主政体建立之后,哲学自然会成为高等教育的基础。民主政体的基本特征之一是,智识人群体不再受任何建制约束,除非自己约束自己。由此不难设想,在开放的民主政体中,五花八门的哲学主张难免导致国家精神的混乱。《美国精神的封闭》表明:哲学的民主状态会危及民主政体的国家精神。布鲁姆去世前一年与同仁编辑过一部文集,他用书名及其副标题进一步挑明了这一问题。①

问题的吊诡在于:"美国精神"恰恰是心仪民主政体的哲学家们打造出来的。建立民主政体首先需要靠自由的哲学破除原生性的政治生活的基本原则——民主政体建立之后,又需要阻止哲学的自由破坏民主政体的立国精神。布鲁姆呼吁"封闭美国精神",我们则仍需要致力于开放"中国精神"——我们的许多智识人会说,理由很简单:尚未"开放",谈何需要"封闭"。

除了翻译大部头经典和教书育人培育好学生,②布鲁姆还写过一些绎读西方经典的文章,以政治哲人姿态与破坏政治生活基本原

---

① 参见 Allan Bloom / Steven J. Kautz 编,*Confronting the Constitution: The Challenge to Locke, Montesquieu, Jefferson, and the Federalists from Utilitarianism, Historicism, Marxism, Freudism*, Washington, DC, 1991。

② 参见 Michael Palmer / Thomas Pangle 编,*Political Philosophy and the Human Soul: Essays in Memory of Allan Bloom*, Maryland, 1995。

则的民主智术师们搏斗。布鲁姆从自己的老师施特劳斯那里懂得:

> 就算人们真的不需要绝对意义上所讲的政治哲学,只要某种错误政治教导会危害某种合理的政治行为,人们还是需要政治哲学。如果芝诺未曾否认运动的真实性,就没有必要去证明运动的真实性。如果智术师们未曾破坏政治生活的基本原则,也许柏拉图就不会被迫精心营造他的《王制》。①

由此可以理解,布鲁姆绎释经典有两个显著特色:首先,以绎读文学经典为主——34 岁那年,他就出版过《莎士比亚的政治学》(1964);第二,其文风表明他不是为学院人写作,而是为普通大学生甚至知识大众写作——这意味着布鲁姆自觉地在做反向启蒙教育。

西方文史上的经典大家很多,布鲁姆主要绎释的是柏拉图、莎士比亚和卢梭的作品。可以推想,他选择这三位伟大的西方经典作家,与他思考自己的国家的政治生活品质有关。更明确地说,布鲁姆尤其关注古典作品中的"爱欲"主题,想必与美国大学上世纪 60 年代经历的"文革"有关。这场"爱欲解放"运动爆发时,正在康奈尔大学执教的布鲁姆才 30 多岁,他所经受的思想冲击恐怕不亚于我们所经历过的"文革"。美国的"文革"历时不长,其后续影响却未必逊于我们的"文革"。两种"文革"固然不可同日而语,却有着共同的品质:爱欲的民主化。由于"文革"后的中国更坚定了拥抱美国式"文革"理想的决心,布鲁姆对西方经典的绎读在今天也适合我们的脾胃。

---

① 施特劳斯,《苏格拉底问题与现代性》,刘振、彭磊等译,北京:华夏出版社,2016,页 125。

《经典与解释》系列已经先后翻译出版过布鲁姆的若干著述，在一些热心朋友的建议和努力下，我们将布鲁姆的所有著述翻译过来（含未刊博士论文），结为专辑，以飨读者。

刘小枫
古典文明研究工作坊
西方典籍编译部丁组
2016年10月

# 目　录

# 中译本说明

## 一、关于作者

布鲁姆(Allan Bloom,1930—1992)是政治哲人施特劳斯(Leo Strauss)门下最有名气和成就的弟子之一,他的学术成就包括英译柏拉图的《王制》(*Republic*)和卢梭的《爱弥尔》(*Emile, or On Education*),代表性著作除了对美国社会发生广泛影响的畅销书《走向封闭的美国精神》(*The Closing of the American Mind*)外,还有《爱与友谊》(*Love and Friendship*)、《莎士比亚的政治学》(*Shakespeare's Politics*)等。他的作品被翻译成中文的有《走向封闭的美国精神》、《巨人与侏儒》(文集)、《爱的阶梯》(《会饮》释义,附在刘小枫先生的中译本后),一经面世就俘获了大量读者的心灵与头脑。布鲁姆继承并发扬乃师复兴的柏拉图式政治哲学,然而在思想和语言的风格上皆自成一家,具有非凡的创造性和想象力,天才的火花在他的文字中比比皆是。布鲁姆还致力于教育,为美国学界和政界培养了很多具有影响力的优秀人物。他的知识理念是在专业化时代致力于认识整全,他的教育理念是在技术化时代培养整全的人,为此,他倡导能够把人从庸俗生活中提升出来的"爱欲主义"(eroticism)。他说:"我们时代的教育必须设法在学生身上发现一切可能渴望整全的东西,并重建使他们能够自主地追求那种整全的知识。"布鲁姆无论在思想上还是在生活上都堪称特立独行的怪杰奇才,他的朋友、诺贝尔文学奖得主贝娄(Saul Bellow)在小说《拉维尔斯坦》(*Ravelstein*,又译《像他这样一个知识分子》)中以他为主人公原型进行了生灵活现的描画,犹如阿里斯多芬在《云》中表现的苏格拉底的现代版。无论如何,他最合适的称号是——哲人。

**二、关于本书**

本书是布鲁姆为他英译的《王制》写的解释性文字,原附在译文之后,以方便读者对于译文的深入理解。但它本身是相对独立的:如果说译文是布鲁姆在柏拉图原文基础上的创造,那么释义则是他本人的独立创造。学者对于《王制》的解释作品可谓汗牛充栋,布鲁姆的释义之所以别具一格、极富魅力,在根本上是因为他特出的思想素质和语言才华。他长期浸润在政治哲学中,对于《王制》更是钻研经年,每一个见解、每一处论断都是他深思熟虑、反复孕育的产物,故如河蚌炼珍珠,满篇皆珠玑。加上他的语言通俗易懂,流利畅达,说理透彻,富于情感,这就使本书远远超出了一般理论家和学术人的局限,不仅会让已经具有一定知识基础和思想能力的人读后感到过瘾,还会对于一般大学生和社会读者散发出迷人的魅力。这是思想原本就该具有的气质和风貌。所以,本书既是学者深入研究《王制》的必备,又是学生初步探索《王制》的指引,还是更多喜爱经典作品、热衷通识教育的人们借以进行自我提升的好材料。译者相信凡阅读者必有所获,除了因为本书具有的上述特征,在根本上是因为本书致力探究的"人应该如何生活?"这一终极问题与每个人都有关系,必能激发每个读者的头脑和心灵,进而引起读者自己对于这一问题的回答。最终,读者有可能不仅超越这一对于《王制》的解释,不仅超越《王制》本身,还有望直抵思想的圣殿,在敬拜思想之伟大的同时,为自己作为一个能够思想的人而感到幸福。

## 三、关于翻译

1. 正如布鲁姆在翻译《王制》时秉持“信”的原则一样，译者把忠实于原文放在首位，然后尽量使语句通达顺畅。

2. nature 一词，最初基本上都译为“自然”，后来经考虑有所改变。除译成“自然”外，还译成“本性”“天性”，在有的词组中译成“性”，比如 human nature 译为“人性”，dual nature 译为“双重性”（虽然我自己更喜欢“双重自然”的说法）。

3. 人名、地名、书名第一次出现时用括号注出原文。此外，译者制作了译名对照表，包括人名地名书名以及一些专名术语。

4. 原文中的斜体在译文中表现为楷体，并在第一次出现时用括号注出。其中出现最多的是 eros 和 idea。有一处文中注，即 physis 和 nomos 两个词，亦为斜体，系原文所为，是用来说明 nature 和 convention/law 的。

5. 原文仅有一个注释，译者酌情加了些[译注]。有的引文，比如莱辛的一句话，作者未注出处，译者一时尚未查到，无法说明来源。

6. 译者为顺通文意酌加的辅助性文字用鱼尾号【】标出。

7. 作者是按照《王制》的行文顺序展开阐释的，目录为译者所制。一般把《王制》分为五个部分：第一卷，第二、三、四卷，第五、六、七卷，第八、九卷，第十卷；本目录依此划分。

8. 原书页码在译文中用[ ]标出，位在当页起头处。

9. 原书的两篇“前言”亦予以译出。在翻译第一版“前言”时参考了林国华先生的既有译文，谨致谢意。

10. 书名为译者所拟。

11. 译业艰难，译者力有未逮之处在所难免，望读者批评指正。

刘晨光于复旦北区

2007 年 9 月 13 日

# 第二版前言

[*vii*]当我现在教《王制》时,此书引发的反响,比二十五年前我正在致力于这一翻译和这一阐释时更急迫、更强烈。《王制》当然是一部永恒的书,在书被尊重和自由阅读的任何地方,它都是吸引有思想之人的兴趣和共鸣的少数书之一。没有其他的哲学书,在满足了智识对清明的需要的同时,如此强有力地表达了人类对正义的渴求。如柏拉图这样呈现的正义诸问题,在某些方面比在其他方面激起了更多的兴趣、兴奋与争执。当非哲人开始与哲人打交道时,他们经常说:"这是胡话。"但有时他们说:"这是蛮横骇人的(outrageous)胡话。"在这种时候,他们的激情真正变得与哲人相关,经常在憎恶或热爱中达至顶点。眼下,柏拉图之于年轻人,既引人注目,又令人厌恶。

当他们读到《王制》中苏格拉底为音乐立法的部分时,这最为明显。在1940年代后期和1960年代中期之间,在高涨的浪漫主义的吸引力逐渐衰退和摇滚的汹涌而起之间,音乐施予灵魂的力量有一个间歇,并且对学生而言,音乐基本上称不上是一个实践或理论问题。他们注意到苏格拉底支持审查——当然就是禁止——【音乐】这一事实,但仅此而已,却不对他具体是在审查什么多作考虑。如果被迫考虑,他们就往往为音乐首先[*viii*]应该是审查的主题而感到惊奇,对他们来说,似乎可能的候选者是科学、政治和性。但是,既然音乐的狂乱重新占据了它的自然位置,苏格拉底就被视为既中肯、又危险。讨论真实且紧张，因为苏格拉底理解音乐的种种魅力——爱欲的、军事的、政治的和宗教的，他把音乐看作对灵魂的希望与恐惧的最为真实的原初表达。但是，正是因为音乐对灵魂如此重要，音乐家是拨弄灵魂之弦的行家里手，所以苏格拉底认为，思考激情的发展如何影响整个生活、音乐的快乐如何可能与义务或其他不那么直接的快乐相冲突，势在必行。这一点令人无法忍受，很多学生感到，整个苏格拉底式理解颠覆了他们的既定事物。正如我说过的，《王制》是永恒的；它总是随着人世季节的变化而复返。

另一个主题，并非与音乐无关，它在 1960 年代后期也突然变得流行起来，并一直在有关政治的一般讨论和专业讨论中占据核心地位：共同体，或根(roots)。《王制》再次变得特别引人注目和令人厌恶，因为没有什么书如此精确、如此彻底地描述了共同体，也没有什么书如此周密(rigorously)地将冷酷的政治转化为家的温情。在第二次世界大战刚刚过去的时候，人们难以容忍对波普尔(Karl Popper)所谓的“开放社会”的任何批评。开放社会被认为完全毋庸置疑，已经解决了古老的思想家们所呈现的难题。科学的进步被认为完全伴随以社会的进步；个人主义似乎对人类的纽带没有任何威胁，大众(mass)社会似乎对有意义的参与没有任何威胁。这一狭隘的自由主义立场的软化版，则可在通常讨论中更少被断然指责的技术(technology)这一术语对科学(science)这一术语的取代中看到，可在对掌控自然是不是一个好观念的普遍怀疑中看到，还可在个体公民通常表达出来的迷失感和无力感中看到。

在轻率的乐观主义时代，柏拉图被认为无关紧要，他的批评被认为不再适用于向我们警告可能的危险。现在我们要认识到：他拥有我们今天拥有的所有疑惑；他的城邦的创建神话对待男人和女人，就像他们完全植根于城邦的土壤中似的。每个人都确信柏拉图知道一些关于共同体的东西，但是，通过坚持如此多的个性必须奉献给共同体，他使今天惬意的社群主义者不再惬意。而且，社群主义者正确地感知到，柏拉图部分地戏仿了共同体的主张和虚荣（pretensions）。苏格拉底还没被牵涉进来呢，他不信任各种简洁的解决方案，似乎不是各种运动的一个非常可靠的盟友。就在不久前，柏拉图还因为不是一个好的自由主义者而受到批评，现在则因为不是一个全心全意的社群主义者而遭到回避。无论如何，他总是站在游戏的幕后。

但是，最重要的是，柏拉图的文本现在引人入胜，是因为它对“性别问题”的处理非常[*ix*]激进，比时下还要激进。在一个对哲学想象的力量的精彩展示中，柏拉图如此探讨问题，以致好像它直到我们今日还从未被再次探讨过——由此证明，理性在任何时候或任何地方都能够穿透本质之物（essentials）。苏格拉底在对话中论证说，只有通过抑制两性在所有重要问题上的差异，只有准许女人在城邦的所有活动、特别是在最重要的活动——战斗和思考——中取得平等地位，完美正义才能实现。随之而来的必然结果，乃是实际抑制两性之间的身体差异以及与那些差异习惯性相伴的所有精神情感，尤其是有效地把女人和男人分开的羞耻感。

因此，苏格拉底进一步承认：在家庭中必须发生一场革命，家庭的功能在革命中被转移到共同体，由此，女人将不必再承受职业母亲的双重负担。日托中心、堕胎和婚姻的去神圣化，只不过是这场革命中可被轻易认出的少数几个要素，而这场革命旨在把男人和女人这两个对立面综合成统一体，即人。有些激进分子甚至发现苏格拉底的分析过于激进，它为了理性地考虑正义而牺牲了家庭纽带的所有魅力。看来，对于人类关系的种种神秘性（mysteries of human connectedness），理性都具有侵蚀能力。其他激进分子正当地怀疑，苏格拉底并非充分相信女人在事实上的平等。苏格拉底再次成为有些问题的盟友,但是,他标志着某种东西的起点;如果他没有思考这种东西直到得出结论,这东西就会无法想象。我们大可在别的历史时期和文化中搜寻,但是,这一视点的种种根基在任何其他地方都是找不到的。这些根基不可避免地与政治哲学的创建者相连。

对学生而言,在他们与《王制》的邂逅中,如下这个故事最为难忘:一个被束缚在洞穴中的人打碎枷锁,走了出去,并上升到太阳的光亮中。这是一幅关于每一个严肃学生的最深切渴望的画像(image)——渴望从习俗中解放出来以便按照自然而生活,并且这显然也是此书永恒的方面之一。故事仍然散发着它的一些古老魔力,但它现在遇到了一个崭新的障碍,因为故事的意义是:用真理替代神话。今天,学生被教导说,这样的替代是不可能的,没有什么东西可以超出神话或"叙事"之外。据说,最原始的文化之神话,在性质上与最严格的科学之叙事并无不同。男人和女人必须屈服于神话的力量,而非像哲学惯于错误地相信的那样试图摆脱它。苏格拉底欢快地遗弃了他自己为了城邦的缘故而编造的建城的神话或高贵的谎言,以此观之,他看起来像是堂·吉诃德式的狂想家。这会令悉心的年轻人感到沮丧,但它可以成为哲学的开端,因为他被他自己胸中的真实疑难所困惑。在这种情况下,柏拉图式激进主义对我们而言也特别适时。

[*x*]最后,就我自己在最近这二十五年的经历而言,在《王制》之后,我翻译了卢梭的《爱弥尔》(*Emile*)这部关于教育的最伟大的现代作品。卢梭是柏拉图的伟大读者之一,自从我花时间翻译这本书以来,我对《王制》更加尊敬了。《爱弥尔》是它的天然伙伴,卢梭通过卷入与《王制》的有益抗衡而证明了他的伟大。他显示了,柏拉图最早且最好地清楚表达了所有问题,他自己只是在某些解决方案

方面有所不同。如果把两本书放在一起合观,我们就拥有了教化的种种战争(educational wars)所必需的基本训练。既然教义告诉我们这两本书是经久不衰的经典(canon)之基石,它们就是那些战争本身。因此,我断定,《王制》对阅读它的学生总是有用的,但是现在比曾经任何时候都更加有用。

我为第二版改正了很多细微的误译或误导性表述,还得补充说,我没有发觉的肯定更多。这一点令人遗憾,但却是这一任务的本性和译者的天性中所内在固有的。

巴黎,1991

# 前　言

[*xi*]本书意在成为一个信译本(literal translation)。我的目标,虽然尚未达到,是摩尔贝克的威廉(William of Moerbeke)用拉丁文翻译亚里士多德时所达到的精确。那些译文如此忠于亚里士多德的原文,以致它们成为用以校正希腊文手稿的权威,并且它们使阿奎那(Thomas Aquinas)在不懂希腊语的情况下成为至高无上的亚里士多德阐释者。

这个译本意在有助于严肃的学生,即希望并能够获得他自己对作品的理解的学生。凭借超出译者的阐释之局限的手段,他必须从译者的僭政中解放出来,并能够发现难以捉摸的原作的精微之处。向读者提供这种独立性的唯一方式,是通过一种奴隶般的、即便有时笨拙不堪的“信”(literalness)——在可能范围内,总是使用同一英语对等词翻译同一希腊单词。由此,合在一起便构成重大发现的细微难点,对细心的学生变得显而易见了,或至少不会隐而不显。译者应该把自己设想为一位老师与由这位老师的一群有潜质的学生组成的听众之间的中介,这位老师深不可测,而这群学生则可能比译者禀有更好的天赋。译者最大的恶习,在于相信他已经充分领会了作者的教诲。将作品翻译得美味可口,以迎合那些不愿或不能花费[*xii*]研习艰深文本所必需的努力之人,尤其不是他的职责。他也不应试图使古代的思想方式听起来是“当代的”。一旦给予文本更多注意,这种译文就变得更无用处。至少我们可以说,信译本是对更多大大背离原文的花巧译文的必要补充。

世世代代以来,有关翻译者之责任的观念变迁本身就是智识史(intellectual history)的一章。当然,经典的普及是这一章的一部分。但是当前不喜信译似乎有两个主要原因——一个根源于我们时代的历史科学,另一个则根源于一种对柏拉图著述特点的特定的、我相信是错误的看法。

现代的历史意识,引起了一种关于一切"世界观"之真理性的普遍怀疑,却不怀疑它自身就是某种世界观的产物。似乎有一种意见认为,我们可以直接领会过去的思想,尽管我们可能不接受它,但至少理解它。我们将我们的科学工具施加于过去,却没反省到,那些工具也是被历史地限定了的。我们没有充分意识到,唯一真正的历史客观性在于像古代作家理解他们自己一样理解他们;我们不愿假定,他们可能更有能力批评我们的结构和方法。我们毋宁应该设法按照他们的教导来审视我们的历史科学,而非反其道而行之。最主要的是,我们必须至少尝试性地接受古老思想家的主张:在所有时代、在所有地方,通过独立的人类理性之努力,真理乃是潜在地可获得的。如果我们以否定像柏拉图和亚里士多德这样的人的基本论点来开始,那么对我们而言,他们从一开始就被反驳了,不是通过内在的批评,而是通过我们对自相矛盾的原则未经省察的接受:所有思想都与某个特定的时代相关,绝不能把握超出那一时代之外的实在性。在此基础上,严肃认真地看待他们是不可能的。我们常常怀疑,这正是在很多翻译中缺乏的:它们不是被对真理的激情所鼓舞;它们实际上是精致的琐碎之结果。摩尔贝克的威廉为这一关切所促动:他可能遗漏关于最重要事情的最重要忠告,来自一个比他更智慧之人的忠告。他关于世界的知识和他的生活方式,不,他的真正幸福,都依赖于他为理解亚里士多德的真实意思而进行的探求的成功。

当今的人们一般不相信他们对古典思想家的研究问题重重，还动辄讥笑天真的学究式崇古。但是，当他们[*xiii*]意识到这一优越感仅仅是十九世纪如此普遍的狂信的持续发作，这种讥笑就应该消退了。按照那种狂信，科学已经达到一个稳定水平，俯瞰着比先前所知的任何视界都更宽广、更容易理解的视界，我们的智识进步不会遭受任何倒退。这一狂信差不多已经消失；几乎没有学者仍再相信我们的视角就是权威的视角；但是，很多学术研究依旧坚持着在那一信念的荫蔽下生长起来的习惯。尽管如此，如果那不是一个被确证为正当的信念，如果就事物的真相而言我们实际上茫然无措，那么我们最为明显的范畴就是可疑的，我们甚至不知道我们是否理解柏拉图提出的最简单问题。因此，既为了精确的学术研究，又为了设法寻找与理解事物的当代流行方式不同的途径，我们有必要重新发现古代作家的视角。

人们通常不理解，像古老的作家那样审视现象是如何困难。这是最令人敬畏的精神事业之一，因为我们已经截然不同地分割了世界，不管愿不愿意，我们把我们的术语以及它们背后的思想应用于被讨论的事物。我们自己时代最流行、最成问题的术语，似乎总是最自然的；在不使用它们的情况下说话，实质上不可能。例如，李(H. D. P. Lee)在描述他对译者责任的看法时说："译者必须走到柏拉图所说的话的背后，并发现他的意思是什么。比如，如果他说'检审美和好'(examining the beautiful and the good)，我们必须毫不犹豫地把它译为'讨论道德价值'(discussing moral values)，如果事实上那是当今表达同样思想的方式的话。"(*The Republic*, London: Penguin, 1956, 页 48)但是，如果我们过于迅速地赶到柏拉图的言辞"背后"，我们将丧失对表面的感知。李与康福德(F. M. Cornford)及很多其他译者享有同样的确信，即他们对柏拉图的意思拥有充分的理解，这一意思与英国人或美国人已经思考过的东西大致相当。然而，让读者来决定“美和好”是否简单地等同于“道德价值”，可能更为审慎(prudent)。如果它们是同一的，读者将足够快地查明。如果它们不是——这可能正是实情——读者的查明亦将不会受阻，从而把他自己的意见付诸检验。

事实上，在这个意义上，“价值”是一个具有德语起源的习语，在最近七十五年中被社会学家普及化了。这一习语中暗含的是“事实与价值”之间的区分及其结果，即目的或目标不再立基于事实，而仅仅是个人的主观偏好，或者至多是人类精神的理想创造。[*xiv*]不管译者是否有意为之，“价值”一词召来了一系列不符合柏拉图原意的观念。每个学童都知道价值是相对的，因而，那个似乎从事实得出价值或者把价值当作事实本身的柏拉图实在天真幼稚。对学生而言，当这种情况以这种方式被预先断定，他怎么可能发现曾经有过观看这些事物的另一种似乎有些道理的方式呢？文本成了一面镜子，他在其中只看到自己。或者，正如尼采(Nietzsche)所言，学者们挖出来的只是他们自己埋进去的。

即便柏拉图是错误的，我们当前智慧的前史(pre - history)仍然具有一些重要性，传统教诲的缺乏——这亟待改观——或许由此变得清楚可见。

同样，“道德”一词也不恰当。柏拉图是否有一套“道德哲学”令人怀疑。【柏拉图】有与德性有关的教诲，这些德性有些在城邦中找到它们的根源，有些则在哲学中。但在他那里没有任何道德德性，正如我们发现它们首先是在亚里士多德的《伦理学》(*Ethics*)中得到描述的一样。这是一个微妙的问题，一个需要长期研究的问题，但还是一个导向柏拉图和亚里士多德之间差异的核心，并上升到关于道德之地位的整个争论的问题。因此，译者遮蔽了另一个问题。即便“美和好”确实构成了我们通过“道德”所意指的东西，学生也应该很好地知道：对柏拉图而言，道德由两种要素组成，其中一种要素为道德赋予某种在比如说康德式道德中所缺乏的光辉。这两种要素在整体上并非总是处于和谐中，可能也是实情。好或正义不必总是美的或高贵的，例如惩罚；美或高贵不必总是好的或正义的，例如阿基琉斯的盛怒。这里有深层的问题需要反思：如果我们理解遍布在柏拉图作品中的此类问题，那么我们就可能学到很多。只有以这种方式，一个学生才可能重建一个似乎可靠且深刻的柏拉图式世界观，而非认为对话是不可信的陈词滥调的一个汇录。

康福德（Cornford）的译本如今是最普遍地被使用的一个，他嘲笑信译，并坚持认为它经常“……令人误解，或单调乏味，或怪诞而愚蠢，或装腔作势又繁复冗长”（*The Republic*, New York：Oxford University Press，1956，页 v）。尽管我承认，信译或许经常缺乏原文的美感，但我不认为它经常令人误解。问题在于为了某种伪造的魅力——因为它并非柏拉图的魅力——是否值得丧失对柏拉图之问题的意识，而康福德关于翻译的观念使这种丧失成为必然。仅仅因为他没有认识到这种丧失的程度，他才会对原文如此轻慢。他在贬损一个前辈译者时开了一个相当重的玩笑：

> [*xv*]我们随便翻开乔伊特（Jowett）的译本，并于无意中（在 549b）发现这样的表述：对男人的“德性”而言最好的护卫者是“以音乐相调和的哲学”，我们可能误以为，为了避免与女人的不正当关系，我们最好在研究形而上学的间歇拉拉小提琴。其中或许有一些真理；但只有在广泛地阅读了书的其他部分后，我们才会发现：它并非真是柏拉图通过把混合有 *musikē* 的 *logos* 描述为 *aretē* 的唯一可靠的保护者所意指的。（同上，页 vi）

但是，不管我们如何广泛地阅读康福德的译本，我们还是不能澄清这个句子，也不能使它与《王制》自始至终发展的整体问题相连；因为，澄清或相连的唯一可能来源，即原文的术语，已经消失了，并被一个自身毫无意义的句子所替换，被仔细准备好、意在赋予思想特别意义的前设所遮蔽。康福德的译文如下所示：

……他的品格并非完全可靠，因为缺乏能够终其一生保存它的唯一保护者，即一种深思熟虑而富有教养的心智。

(…His character is not thoroughly sound, for lack of the only safeguard that can preserve it throughout life, a thoughtful and cultivated mind.)

信译将是：

"……在他对德性的依恋上[他是]不纯粹的，因为他已经被最好的护卫者所遗弃……"

"那是什么？"阿德曼托斯说。

"混合着音乐的论证[或言辞或理性]……"

(...[He is] not pure in his attachment to virtue, having been abandoned by the best guardian …

"What's that?" Adeimantus said.

"Argument [or speech or reason] mixed with music…")

毫无疑问，在未被突然停止、未被迷惑的情况下，我们可以像它在康福德译文中出现的一样阅读这个句子。但这只是因为它什么也没说。它使用毫无确切意义的凡庸术语;它是我们可以在报纸社论中找到的那种句子。由于令人震惊或难以领会,柏拉图变得了无生趣。这里没有什么可供反思的素材。德性已经变成了品格。但德性从《王制》的开篇起就已是一个主题,并受到最为精微的对待。事实上,这本书的整个问题就在于:德性中的一个,即正义,是自身就值得选择,还是仅仅因为它的附属利益而值得选择?苏格拉底在这个段落中教导,一个斯巴达类型的人,因德性而最为著名的一种人,实际上并非为了它自身的缘故,而是为了伴随它的其他利益而热爱德性。他暗中相信金钱才是真正好的。这是亚里士多德对斯巴达作出的同一批评。这里提出的问题是:是否所有凡俗的德性、所有非哲学的德性实践都以对某种额外报酬的期待为基础?无论研读文本的学生怎样艰苦地思量,从康福德的译文中什么也得不出。他甚至除去了阿德曼托斯的问题,以致整个充满惶惑的气氛消失了。现在,阿德曼托斯是一个斯巴达的赞慕者,而苏格拉底一直在设法[*xvi*]纠正和净化这一赞慕。阿德曼托斯的问题表明了他在理解苏格拉底对他所赞慕的东西的批评上的困难;这表明他已经学到的是多么少。对话的戏剧性方面并非毫无意义。

康福德无疑是对的:德性不再意指它过去常常意指的东西,它已失去了它的流通性。(不过,如果有人打算宣称,比如,勇敢是一种德性,大多数当代人还是会对他谈论的东西有些预见。)但是,这种词语的老化仅仅是一个偶然现象吗?据说,西方思想的重大谜题之一是"何以过去常常意指男人的男子气的一个词变成了意指女人的贞洁"。这一意义上的变化是对人之天性的崭新理解的产物,它以马基雅维里发其端绪。(如果有一个《君主论》(*Prince*)的译本总是以德性(*virtue*)翻译 *virtù*,那么把它与《王制》相对比的学生将由此而能做出最令人兴奋的发现。)"自由"作为最重要的政治讨论术语取代了德性，德性开始意指社会德性——亦即将会导致人们遵从公民权威并和平地生活在一起的性情（disposition）——而非灵魂的自然完美（natural perfection）。刚开始进行研究的人不应被指望通晓这些东西，但学习的唯一可容忍结果是，他变得对这些东西有意识了，并能够反思，在不同的选择中哪一个最充分地描述了人类的境遇。按照现在的情况，他可能完全被剥夺了古典著作所提供的最伟大的启蒙时机。对《王制》中“德性”一词用法的研究本身就最具启发性；另外，当把它的含义与它在西塞罗、阿奎那、霍布斯和卢梭那里的含义作对比，真正的政治思想史就显露出来了，一系列不同的选择呈现在心智面前。这些作者全都自觉地使用同一术语，在他们的争执中涉及了同一问题。术语的使用，肯定使读者对“德性”在其中仍是一个政治问题的整个思想风习变得敏感起来。

康福德使用*保护者*（*safeguard*）而非*护卫者*（*guardian*）。这本身没有争议，但*护卫者*是一个被书中已发生过的东西装满了意义的词语。统治者，特别是那些从事战斗从而在城邦中掌握权力的人，自从他们在第二卷中被引进以来就被称为护卫者。在某种意义上，《王制》的问题就是要培养一个统治阶层，它既具有关怀国家并有意气（spirit）为之战斗的公民的特征，又具有温和而且信奉世界主义的（cosmopolitan）哲人的特征。这几乎不可能，并且它是[*xvii*]随后五卷中规定的繁重而复杂的培训的主导性论题。如果教育不成功，正义就必须与掌握权力的那些人的天性在根本上达成妥协。在这里正讨论的语境中，苏格拉底正在讨论政制（regimes），它们因为护卫者之德性有缺陷的品格而必须建立在根本的妥协之上。政制取决于人们的德性，而非制度；如果最高的德性在统治者那里不存在，一个次等的政制就必须被建立起来。护卫者之上没有任何护卫者；护卫者的唯一护卫者是一种适当的教育。这一主题正是读者的注意力必须被带向的地方。

苏格拉底告诉我们一些有关这一教育的重要事情:它包括理性,但并非仅有理性。它必须被混合以非理性要素,后者缓和了前哲学天性和哲学天性的粗野与严酷。在好的统治者的塑造过程中,理性并不足够。这不是进入讨论这一教训的充分意义的地方,但它具有极端的重要性。音乐(*music*)对现代读者而言确实是一个难解的术语,但在《王制》的数个段落中,对它已有充分的讨论,任何其他的词语都肯定会最令人误解。事实上,我们赋予音乐的意义与格劳孔(Glaucon)和阿德曼托斯起初拥有的理解并非完全相异。正是苏格拉底通过专注于言辞及其真理性、同时使节奏(rhythm)和曲调(harmony)臣服于它,才改变了他们的看法。正是苏格拉底使音乐理性化了。

《王制》是一本为想要在其中广泛阅读的人们准备的书,为了那些漫无目的地挑选语句之人的主观满足而欺骗他们将是不公正的——此二者不是可以设想的吗?远离为康福德所恐惧的带有阐释的文本之人是柏拉图愿意关心的读者吗?直接的可理解性和美感中的收获可以弥补实际的损失吗?只有对问题的毫无意识,才能说明对重点的这种刚愎自用的曲解。那个句子被康福德挑选出来,竟是为了证明他的方式的明显优越性!

有整串的像德性一样的基本术语。自然(*nature*)和城邦(*city*)只是最经常被误译的最重要术语中的两个。当若干术语第一次出现时,我已设法在注释中指明它们。我像哲学传统中的伟大作者一样翻译它们。最重要的是,我避免使用具有新近起源——它很难找到一个精确的希腊对等词——的术语,因为它们可能在很大程度上特别反映了现代思想。当然,总是以同样的方式[*xviii*]翻译每个希腊词是不可能的。但变化的唯一标准是译文的绝对无法理解,并没有任何意欲要使柏拉图听起来更好或在他可能看起来单调的地方添加花样。最关键的词语,像刚才提到的那些以及形式(*form*)和政制等,总是保持不变,而不管这种方式有时会导致困难。通常在当前的译本中,例如,*nature* 在英语中出现并不表示有任何与希腊语中的 *physis* 相关的东西,*physis* 在希腊语中出现并不一定让人想起任何与译者所用的 *nature* 相关的词语。但是,既然自然对柏拉图而言正是标准本身,这一混乱导致读者或者对自然是柏拉图的标准这一事实无知,或者搞错他认为是自然的现象。信译使《王制》成为一本难读的书;但它本身就是一本难读的书,我们的历史处境使它对我们而言加倍地难读。没必要掩藏这一点。柏拉图的作品在根本上是写给聪明而勤奋的少数人,即既非由出身又非由财富决定的自然贵族看的,这一译本力图不做任何会与这一意图相抵触的事情。

除了对精确之需要毫无意识,不愿接受某些不合口味或令人震惊的陈述或教诲是背离"信"的另一因由。这一不愿,或是因为拒绝相信柏拉图说的是他意指的,或是因为意欲使柏拉图令人尊敬。康福德再次为一种太寻常的倾向提供了一个惊人的例证。在第三卷414处,苏格拉底讲述了在他和他的同伴们(在言辞中)创建的城邦中,有必要让人们相信"高贵的谎言"。康福德称之为"突兀奔放的虚构",并加了下面的注释:"这个短语通常被译为'高贵的谎言',一个自相矛盾的表述。它既不适用于《新约圣经》(*New Testament*)的道德寓言或《天路历程》(*Pilgrim's Progress*),也不适用于柏拉图的无害寓言。它易于让人觉得他会赞成在很大程度上是不光彩的谎言,现在被称为宣传……"(同上,页106)但是苏格拉底称它为谎言。道德寓言和这个故事之间的区别在于,听道德寓言的人意识到它是一个虚构,其真实性不在其字面表达中,而苏格拉底之城邦的居民将会相信不真实的故事是真实的。他的交谈者被这一观念震惊了,但是——根据康福德——我们将会相信它是无害的,因为它可能招来不愉快的联想。

整个说谎问题从一开始就被柏拉图周审地准备好了，以与年老的克法洛斯的讨论发其端绪(331b－c)。谈到诗人的谎言(337d)，[*xix*]以及主张神不能说谎(381e－382e)和统治者可以说谎(381b－c)时，它再次出现。现在，最后直言不讳的陈述是：唯一真正正义的公民社会，必须建立在谎言的基础上。苏格拉底宁愿以清明勇敢地面对问题。一个好的政制不能以启蒙为基础；如果没有谎言，则必须做出许多妥协——其中包括私有财产——从而仅仅是习俗性的不平等就必须被接受。这是一个关于真理与正义之关系的激进主张，它导向悖论，即智慧只有在一种为谬误所支配的环境中才能统治。为了避免最粗陋的误解，遮蔽这个问题几乎不值得。对于看到它以某种方式与某种启蒙神话——柏拉图式分析使它本身成为问题——相关的人来说，或许特别现代的宣传现象可能变得更为清楚。

除了影响所有的希腊文本和拉丁文本之翻译的一般问题外，柏拉图对话呈现了一个特别的困难。找到亚里士多德的论文的可接受译本不太难。这是因为，它们并非完全与现代的书不同。另一方面，人们常常不清楚对话形式的意图。柏拉图通常被认为拥有与亚里士多德一样的教诲，并把它封入意在施展某种教训功能或艺术功能的甜蜜糖衣中，但是，为了抵达哲学的核心，我们必须把它剥去。因此，我们拥有诗人柏拉图和哲人柏拉图，合为一体并共存于一种不稳定的和谐中的两种存在。这是致命的错误，它导致形式与本质之间的区分。于是，学哲学的学生把对话的一个部分当做他的专门领域，学文学的学生则把另一部分当做他的专门领域；这位译者也效仿时尚，在书的大部分中都肆意而为，而在哲学似乎登场时，则应以适合于亚里士多德的一种关切。

康福德，正如在所有其他事物上一样，以一种激进的形式表达了当今流行的趋势。他删除了对话者的很多交流,压缩了对他来说似乎无助于对话展开的完整论证。尽管他宣称他的愿望是在现代语境中实现柏拉图的意图,但他最后坦承:"问答的惯例变得形式化,并常常是单调乏味的。柏拉图自己在他最后的作品即《法义》(*Laws*)中近乎抛弃了它……"(同上,页 vii)因而,通过沿着他相信是适当的方向纠正柏拉图,康福德超过(improve on)了柏拉图。他认为对话形式只是一种惯例,而且,当它使他感到疲倦时,他便抛弃了它。恰好是在这个关头,我们才应该问一问我们是否搞懂了对话实际上是什么。对话既不是诗,也不是[*xx*]哲学。二者它都有几分,但它是它自身,而不仅仅是二者的合成物。对话有时不满足戏剧艺术的标准这一事实,以及论证有时不适合哲学的严密标准这一事实,揭示了同样的事情:柏拉图的意图与我们所理解的诗人或哲人的意图不同。把对话称为惯例将会把问题掩藏。或许康福德抱怨的这种单调乏味正是柏拉图给予潜在哲人的考验,以便看看他是否能够克服外在形式的魅力;因为,严格关注经常是丑陋的细节对哲学事业来说是必需的。正是对有损于真的美的关注,构成了柏拉图对诗的批判的核心,正如对诸种形式(forms)从而对人的漠不关心,构成了他的前苏格拉底哲学批判的核心。对话是这两极的综合,是一个有机的统一体。每个论证都必须被戏剧性地给予阐释,因为每个论证本身都不完备,只有语境才能补足丢失的连接。每个戏剧性细节都必须哲学地给予阐释,因为这些细节包含了使论证完备的问题的影像(images)。分开了,这两个方面都没有意义;合起来,它们就是一份进行哲学探寻的邀请。

康福德引用《法义》作为柏拉图逐渐修正了他的方式的证据;因而,他有了某种柏拉图式的正当理由为他对文本的改动作辩护。但是,《王制》和《法义》在形式上的不同,并非像康福德会认为的那样是柏拉图的年老使他认识到他墨守成规的戏剧之缺陷的结果，也不是像其他人断言的那样是年老使他失去了戏剧天资的结果。毋宁说，这种不同反映了对话参与者的不同，从而反映了两部作品之意图的不同。这只是柏拉图作品的每个部分之典型特征的一个例子。以戏剧的形式，我们抵达最深刻的问题。在《王制》中，苏格拉底与两个具有一些理论天赋的年轻人讨论最佳政制，一个从不可能实现的政制，他试图使他们从充满政治野心的生活皈依哲学在其中发挥作用的生活。他必须说服他们；论证的每一步都指向他们特别的意见与品格。他们的理性赞同，对整个过程来说至关重要。他们反对苏格拉底之论证的关头总是最重要的，他们不应该赞同却又赞同的关头也是如此。每一个交流都揭示了某些东西，即便当回应似乎最无趣时也是如此。在《法义》中，雅典陌生人从事较为有限的任务，即为一个可能的但较差的政制制定法典。他的对话者是[*xxi*]没有任何理论天赋或开放性的老人。陌生人与他们交谈，并非为了使他们发生任何转变，而仅仅是因为他们中的一个拥有陌生人缺乏的政治权力。他的修辞之意图，在于使他的两个同伴易于接受这一不寻常的法典。为了实施他对现存秩序的改革，陌生人必须获得其他两人的同意。他们特有的偏见必须被克服，但并非通过真理的真正说服；必须使新的教导看起来与他们祖传的神圣意见相符。必须对那些意见做出重要的让步，因为它们不容变更。讨论表明，这种困难对实质的立法行动而言是预备性的。法律按其本性拥有独白而非对话的品格，它们本不应讨论或被讨论；因而，法律的表述倾向于更少被打断。法律的优长和弱点都在于它是哲学讨论的极端对立面这一事实。对话的意图是它的形式的原因，那一意图只对那些反思了它的形式的人显露。

柏拉图的对话并没提出一个教义；这些对话为哲学探究准备了

道路。对话意在发挥一个活着的老师的作用,他使他的学生们思考,他知道应该领着哪些学生往前走,应该让哪些学生远离秘密,他使他们在研习他的言辞时训练同样的能力与德性,而这些能力与德性是他们在独立探究自然时会使用的。我们必须进行哲学探究以理解它们。有一种柏拉图式教诲,但它不会在任何言辞中被发现,正如莎士比亚的思想不会在任何特定角色的话语中被发现一样。这一思想不在任何部分之中,而是以某种方式在整体之中,获取它的方法比阅读论文时所涉及的要更为精妙。就像我们会注视戏剧所表现的世界的宏观领域一样,我们必须注视戏剧的微观领域。这个世界的每个细节,都是潜在原因的一个结果。这些原因只有通过心智才能被领会,但它们也只有通过还使用所有的官能(senses)才能被发掘。这些原因,只有当它们经由对它们导致的世界的最充分意识而被显现出来时,才能被真正认识。否则,我们就不知道要寻求什么,也不能认识这些原因的全部力量。仅仅给出原则的教诲仍是抽象的,只不过是教条罢了,因为学生自己不知道那些原则解释什么,他对世界的认识也不足以确保它们的解释不是局部的。对现象的丰富意识正是对话所坚持的,对话自身提供了这方面的训练。

[*xxii*]人类世界以言辞和行动之间的区分为特征,我们都承认,为了理解一个人或者他说的话,两个方面都必须被给予考虑。正如在没听到一个人自己说的有关其行动的言辞的情况下,他的行动不能被理解,在未把言辞与其作者的行动作比较的情况下,言辞也不能仅凭其面值(face value)就被接受。对人及其言辞的理解,是两个视角之联合的结果。特拉绪马科斯(Thrasymachus)的脸红,像他的任何理论论证一样重要。一个以特拉绪马科斯在《王制》中的表现为基础、独立地把这位修辞家的天性拼合起来的学生,凭着建立在通过特殊来感知普遍的基础上的确信,业已把握了这位修辞家的天

性。这是学生自己的洞见,他比从别人那里得到定义的某个人更真实、更确切地认识了它。这把敏感性精神(l' esprit de finesse)的具体和几何学精神(l' esprit de géometrie)的科学[①]结合了起来;它一方面避免了特殊主义的敏感性的缺陷,另一方面避免了抽象性的缺陷。诗人和科学家变为一体,因为二者的天分对于达到唯一的目的,即真理,都是必要的。

柏拉图的对话是对世界的表现;它们自身就是一个宇宙。为了阐释它们,我们必须动用我们所有的力量像接近世界一样接近它们。对话和世界之间的唯一不同在于:对话是被如此建构起来的,以致每个部分都与其他任何部分在整体上相连;没有无意义的偶然。柏拉图像他观看世界一样再造了本质的世界。每个语词都有它的位置和意义,一旦我们不能带着确信解释所有细节,我们就可以知道我们的理解是不完备的。当某些地方看起来枯燥乏味或者不得不作为惯例给搪塞过去,它就意味着阐释者已经认输,并已置身于柏拉图原打算把他们排除在其思想核心之外的那些人的行列。总是那些作为老生常谈或无稽谬论的东西在冲击我们,这表明,我

---

① [译注]"几何学精神与敏感性精神的区别——在几何学,原则都是显然可见的,但却脱离日常的应用;从而人们由于缺乏运用习惯,很少能把脑筋放到这上面来,但是只要稍一放到这上面来,人们就会充分看出这些原则的;对于这些巨大得几乎不可能被错过的原则,若竟然也推理错误,那就一定是精神根本谬误了。但是敏感性精神,其原则就在日常的应用之中,并且就在人人眼前。人们只需要开动脑筋,而并不需要勉强用力;问题只在于有良好的洞见力,但是这一洞见力却必须良好;因为这些原则是那么细微,而数量又是那么繁多,以致人们几乎不可能不错过。可是,漏掉一条原则,就会引向错误;因此,就必须有异常清晰的洞见力才能看出全部的原则,然后又必须有正确的精神才不致根据这些已知的原则进行谬误的推理。"(参见[法]帕斯卡尔:《思想录》,何兆武译,北京:商务印书馆,1985,页1)

们还没有向种种神秘中的某一个开放,因为这些感受都是保护性机制,以免我们的【既有】框架受到动摇。

对话是以一种几乎难以置信的细致与精妙建构起来的。戏剧性场面到处都是,甚至存在于似乎最俗套的回应或最纯粹的理论探讨中。例如,在对分线(divided line)的讨论中,被选用的特别图例适合苏格拉底的对话者的天性;为了明白整个问题,读者必须不仅深思对认知与存在的种类进行的区分,还要深思这一区分对格劳孔的特定影响,以及苏格拉底本人可能对另一人说些什么。绝不能允许读者坐下来[*xxiii*]被动地接收出自大师口中的智慧言语。这一切意味着,在人力所能及的范围内,译文必须呈现原文中所有的细微之处——发誓、语句的重复、回应形式中的细微变化,等等——由此,读者才能以他的天性容许他的所有感知和敏锐注视戏剧的进展,并把它们应用到他关心的任何真实情境上。译者不能希望已搞懂了这一切,但他也不必妒羡可能在道德上和理智上比他优越之人的可能洞见。正是以这一职责的名义,译者冒着成为荒谬可笑的书呆子的危险来保存令人不适的细节,它们迫使牺牲一种更具当代风格的适意魅力。

我使用的是由伯内特(John Burnet)编辑的牛津版《王制》文本。我只在极少地方对它有所背离,在重要情况下于注释中予以提及。总是在我手边的,当然是亚当(James Adam)有价值的评注(New York:Cambridge University Press,1963)。施莱尔马赫(Schleiermacher)的德语旧译是我找到的最有用的译本。尽管他的文本比我们的低劣,但他似乎对对话的特性和意义拥有最好的领会。罗斑(Robin)的法译本也非常细致。最好的英译本是肖里(Paul Shorey)(洛布版)和林赛(A. D. Lindsay)(人人版)的。后者大概在两者中更为有用,因为它是如此质朴而率真。

注释并不打算成为阐释性的，而仅仅为了提供读者不能被指望知道的必要信息，解释译文中的难点，显示某些关键术语的含义，以及最重要的，给出柏拉图对其他作者的征引的已知出处和他在其中所作的变更。对话与柏拉图的其他作品和别的古典著作是如此富于联系，以至于着手提供甚至最重要的联系也是不可能的。而且，发现这些联系是读者自己的工作，这不仅因为这对他有好处，还因为编订者非常可能在他的强调处出错。文本尽可能保持柏拉图的原样，以便它与读者直面相对。我把自己的看法保留在释义（interpretative essay）之中。索引还意在用作术语表；它的分类仅仅是按柏拉图的用法而非当代的兴趣或问题做出的。

无论这个译本可能具有什么优点，在很大程度上它都应该归功于伯纳德特（Seth Benardete）和丹豪瑟（Werner J. Dannhauser）的襄助。前者以他那浩瀚无边的古典学养与洞识毫不吝惜地赠予我；后者在他的时间方面几乎是令人难以置信地慷慨，把他的敏感与健全的判断带入整个原稿。我还要［*xxiv*］感谢勒纳（Ralph Lerner）在彻底阅读文本后所提的建议。伯恩斯（Walter F. Berns，Jr.）、肯宁顿（Richard H. Kennington）和拉什（Myron Rush）在引介方面很有帮助。我希望感谢我的学生，他们是最早在他们的学习中使用这个译本的；特别要感谢洛德（Carnes Lord）、尼科尔斯（James Nichols）和普拉特纳（Marc Plattner）的建议以及他们对遗漏和错谬的察觉。普拉特纳先生还在索引方面做了大量工作，理应因为对我的译文的这一有用附加而得到赞扬。释义则倚重于施特劳斯（Leo Strauss）在《城邦与人》（*The City and Man*，Chicago：Rand McNally，1964）中关于《王制》的权威论述。

我必须感谢热尔姆基金会（Relm Foundation）和康奈尔大学（Cornell University）的支持。我还必须感谢国际大学中心（Center

Universitaire International)及其员工所提供的可爱办公室和周到帮助,它们使我在巴黎逗留期间完成了这一工作的大部分。

阿兰·布鲁姆
纽约州,伊萨卡镇
1968 年 7 月

# 导 论

[*307*]《王制》(*Republic*)是苏格拉底真正的《申辩》(*Apology*),因为只有在《王制》中,苏格拉底才充分处理了由雅典对他的指控而强加于他的主题。这一主题是哲人与政治共同体的关系。

苏格拉底被指控行不义之事——不信城邦所信之神和败坏青年。这些控告,不单指涉碰巧是一个哲人的苏格拉底本人,还意味着谴责哲学活动本身——不单代表雅典城邦,还代表像这样的政治共同体本身。从城邦的观点来看,似乎有某种与哲人的思想和生活方式有关的东西质疑作为城邦法律保护者的城邦之神,从而使哲人成为一个坏公民,或者根本就不成其为公民。这样一个人在城邦中的出现,以及他与最有前途的年轻人的交往,使他成为一个颠覆分子。苏格拉底是不义的,不但因为他违犯了雅典的法律,而且因为他明显并不接受那些使公民社会得以可能的基本信念。

哲学如果想要被公民社会接纳,就需要辩护。在苏格拉底被审判时,哲学之于城邦是新异的,很容易就被压倒。哲人得在城邦面前为自己辩护,否则,城邦尽可能激烈地阻碍哲学进入其中就会是正当的。[*308*]苏格拉底的审判是哲学的危机,哲学的性命危若累卵。与现代人可能倾向于相信的相反,哲学对城邦有益甚或无害,并非绝对显而易见。苏格拉底通过如下事实表明这一点:他在《申辩》中尽心竭力,以使自己区别于其他哲人。他似乎同意:一个想要自己的孩子们关怀自己的城邦,是否应该允许他们结交哲人,在某种程度上还是个问题。

城邦只看见哲人明显的无神论，以及他对年轻人的影响；诗人阿里斯托芬（Aristophanes）在《云》（*Clouds*）中嘲弄了苏格拉底，并为他后来对苏格拉底的官方控告铺平了道路，展示了哲人何以是颠覆分子。他把苏格拉底刻画成一个“探察天上地下一切事物，并使弱的论证变强”的人。这一指控的意义在于，哲人研究自然，特别是天空，发现了天上现象的真正原因，它与由宗教神话给出的解说截然不同；例如，他学到了对宙斯（Zeus）之雷电的纯粹机械性解释。哲人对于天空的沉思消解了城邦的视角，城邦的法律现在看起来仅仅是没有任何自然地位的习俗罢了。哲人的生活方式使他从公民义务中抽身出来，他所学的东西教他鄙视属人的、政治的事物。而且，哲人对一切事物之原因的理解，使他不可能按照人自身的水准来理解人；人被降低为非人，政治的事物被降低为亚政治的事物。哲人疏离了只有诗歌才能充分再现的属人事物。诗人以一种更为深刻的方式，参与了城邦对作为政治人之敌的哲学的指控。

于是，苏格拉底必须表明，哲人是正义的，正是哲人而非诗人才能负责任地对待政治事物。这并不容易做到，因为，看起来好像哲人使作为一种德性的正义的自然品格成了问题，他关于存在的科学也没有为人在其中留下特别的余地。《申辩》并没有充分完成这一任务，它只是对一大群敌对听众所做的对苏格拉底生命的描述，这些听众由宣誓拥护雅典有缺陷的法律、一般而言无知的陪审员组成。另一方面，《王制》则是有教养而友好的人们之间的悠闲讨论。在《申辩》中，苏格拉底面对不义的指控为自己辩护，【《申辩》】从未试图给正义下定义：他的指控者用“不义之人”来指一个违犯法律的人；苏格拉底的正义，当然不是指一个遵循法律者的正义。只有《王制》才试图给正义下定义，并详述了能为这一定义赋予根据的科学。

在[*309*]《申辩》中，苏格拉底论证过他仅有的知识就是无知，从而显白地承认了自己不胜任政治事物；在《王制》中，他给出了关于政治事物之本性的教诲。

这一教诲，在如下的著名断言中达到顶峰："除非哲人作为王来统治，或者那些现在所谓的国王和首领真诚而充分地进行哲学探究……否则城邦就永远不能摆脱病患……我想，人类也不能……"这意味着，在哲学与城邦、科学与社会之间有着完美的和谐。苏格拉底已经改善了哲学，因此，它现在对城邦而言是最为需要的一件东西；哲人是它最大的恩人。然而，我们可能被这一关于最佳状况——哲人统治的政制——表面上的苏格拉底式乐观主义误导了。细心的阅读将揭示出，这一所谓的和谐更多地是一个悖论而非解答，它遮掩了许多紧张，它们在较不完美的状况下便暴露出来。苏格拉底或许已很好地改善了哲学，以致它不再对政治漠不关心，但它绝不比旧哲学对所有现存政制更少具颠覆性。如果哲人是自然统治者，他们就是所有实际统治者的竞争者；哲学绝非只是无用之物，看来它蓄怀阴谋。哲学很可能有害于现实的政制，而它目标所指的政制则不大可能实现。事实上，《王制》默认了对苏格拉底所作指控的真实性：苏格拉底在自己关于诸神的信念上不正统，并且创立了新的存在，即理念（*ideas*），它比诸神要优越；他培养的哲人，既知道天上地下事物的本性，又能够造诣非凡地说话；他教导年轻人鄙视雅典，因为他教导他们热爱哲人在其中为王的政制。由此，苏格拉底否认自己是不义的，但人们对正义的理解就必须发生一场革命，因为正义的行为将被确认为【苏格拉底的】此类行为。在所有不完美的政制中，苏格拉底的出场都是成问题的，他必须举止审慎：他削弱了对政制和城邦法律的依恋，但他又是其中所有那些想过上美好生活的人的救主。

《王制》向我们表明,苏格拉底何以被指控,何以有指控他的好理由。苏格拉底不仅告诉了我们好政制,我们还可看到他对据说被他腐蚀的年轻人的影响。在把他们引向非雅典的(Athenian)甚至非希腊的(Greek),毋宁说恰因其是理性的从而是属人的正义之时,苏格拉底指出了通往政治事物之真理的道路,并发掘了这一真理与公民社会之间极端复杂的关系。这些问题都与现代人紧密相关,尽管它们对[*310*]现代人来说或许比对此前任何世代的人来说都更难理解。这些问题之所以与现代人相关,是因为现代人承认自己对"价值"的需要,是因为具有公共效用的科学的进步如今以毁灭相威胁;这些问题对现代人来说之所以难以理解,是因为现代人已被教导过,"价值"不能经由理性来建立,科学绝对对社会有益。

出于这些原因,我们理当研习《王制》。它是第一本带引哲学"下降到城邦"的书;我们在其中可看到政治科学的基础,它是唯一能把理性的赐福带给城邦的学科。我们将学到,若是不牺牲大多数人最心爱的信条和旨趣,政治科学的建立就难以实现;这些牺牲是如此重大,以致对很多人而言,它们似乎不值得:曾经存在过的最有文明的城邦之一认为,比起面对苏格拉底提出过的另一种选择,牺牲苏格拉底所代表的哲学,要更好一些。这就是哲学需要申辩(*apology*)的原因;它是一项危险的而且本质上被质疑的活动。苏格拉底知道,他的旨趣不是而且不应是大多数人及其城邦的旨趣。我们时常看不到这一点,还设想他被判死刑是过去盲目偏见的结果。因此,我们也就看不到哲学生活的真正激进性。《王制》是我们的偏见的最佳解毒剂。研习苏格拉底式哲学的适当起点是城邦的非哲学倾向,而在城邦之中,哲学必须占有自己的位置。对哲学的敌意,是人与城邦的自然状况。在承认自己有罪的同时,苏格拉底将表明是什么样的更高级的关切宽恕了他。

# 第一卷

*327a－328b*

正如在《申辩》中城邦强迫苏格拉底说话并为自己辩护，在《王制》中，一群人强迫苏格拉底跟他们待在一起，并最终证明他自己有道理。苏格拉底显然不愿意这么做；别的活动可能更符合他的趣味，他本想赶往那些活动的。但是，这些跟他搭话的人拥有权力，苏格拉底必须适应他们。如果苏格拉底不能继续进行他自己偏爱的活动——这一活动并不因为需要与他的同伴们进行妥协而受阻，那么，他就必须获得他们的善意，并教会他们尊重他的趣味。否则，苏格拉底将不得不放弃自己的生活方式。苏格拉底将仅仅为自己辩护到重获自由所需要的程度。这一处境是哲人与城邦之关系的范本。《王制》与《申辩》之间的区别是：《王制》中使用的强制威胁只是戏谑性的，《申辩》中雅典法庭的威胁则极度严肃。在《申辩》中，苏格拉底之所以被判死刑，是因为一种可让[*311*]民众接受的妥协将意味着他精神上的死亡；在《王制》中，因为与一些不同的听众打交道，苏格拉底作为一个被驯化城邦的统治者出现，城邦或许不理解他，但至少乐意允许他无拘无束地追求哲学，接近高贵的青年。

苏格拉底陪伴格劳孔(Glaucon)到比雷埃夫斯(Piraeus)，既为了祈祷，又为了观看；驱动他的是虔敬和理论——在原初的和最具启发的意义上这个词指悠闲的好奇(idle curiosity)。雅典人正在把一个新女神引进他们的宗教崇拜。苏格拉底暗示，是雅典人引进新神；倘若他也这么做，也只是在模仿民主政制而已，他与民主政制比在表面上看起来更有亲缘关系。（通过允诺另一项革新——马背上的火炬接力赛，阿德曼托斯[Adeimantus]最终说服了苏格拉底留在比雷埃夫斯。谈话——也是一种革新，且自身正在革新——取代了火炬接力赛，并与它并行。苏格拉底喜好新奇，它与最佳政治秩序正相反，而他则与民主政制一起分享这一新奇。尽管如此，雅典人的[Athenian]旨趣与苏格拉底的[Socratic]旨趣之间的不同，仍可通过敬拜女神的火炬接力赛和关于正义的友好讨论之间的不同来衡量。）苏格拉底的虔敬带他同格劳孔一起下到比雷埃夫斯，并把他置入在其中他必须讨论城邦的情境，同时，这一虔敬也使他倾向于关怀城邦。但他的虔敬有些马马虎虎；它向变化开放，并与好奇心混合。他没有告诉我们他的祈祷的结果，但他的观察使他认识到，雅典人的赛会并不比色雷斯人的赛会搞得更好。苏格拉底的理论立于民族自豪感的热情之上（stands above），以某种方式超越了纯粹的公民身份。他的虔敬属于城邦；他的思想则不是这样。

玻勒马科斯（Polemarchus）看见苏格拉底正在赶回去，便命令一个奴隶去命令他留下来。这一小小的场景预示了《王制》中提出的好政制的三阶层结构，并勾勒了整个政治问题。权力掌握在绅士们（gentlemen）手中，他们并非哲人。他们能够役使多数人，他们的力量如此之大，以致他们总是使哲人尽在其掌握之中。因此，哲人与他们达成妥协，乃部分出于哲人的自利（self - interest）。问题成了：哲人可以在何种程度上影响绅士？绅士这一至关紧要的中间阶层，正是《王制》以及其中所制定的教育的首要对象。在这一情节中，第一事实是粗野的强力，它导致了如下认知：不管一个人可能多么有道理，一切还是取决于民众聆听的意愿。这里，在由苏格拉底所代表的智慧与由玻勒马科斯[312]及其朋友所代表的权力之间,存在着一种对抗。起先,两条原则的对立是彻底的,但阿德曼托斯和玻勒马科斯竭力让苏格拉底选择留下:如果他这么做,他们就为他提供愉快的消遣。格劳孔代表他的朋友接受了,苏格拉底勉强向既成事实(*fait accompli*)做了让步。由此,智慧与权力达成了妥协,一个微型共同体形成了。在此之后,他们举行投票,批准了他们的决议,一个新的统治原则出现了:同意。同意是无权的智慧和不智的权力的混合物。所有的政治生活,都将被建立在这种或多或少令人满意的妥协之上,直到发现允许智慧进行绝对统治的手段为止。既然被迫成为这个共同体的一员,苏格拉底很快就通过战胜其他觊觎统治职位的野心家,把自己确立为共同体的统治者,然后,他继续建立了一种政治制度,在其中,哲人将进行统治。

*328b - 331d*

订立了他们的社会契约,这个小组的成员就到玻勒马科斯家去,他们在那里发现了他的父亲克法洛斯(Cephalus),他支配了现场,而他这么做,恰恰因为他是父亲。年龄是他统治的资格,几乎在所有由祖传惯例统治的政制中都是如此。年龄之所以是智慧的实际替代物,是因为与智慧不同,它在政治上可被识别(recognizable),且易被确定。教导强力尊敬年龄比教导它尊敬智慧更为可行。对年龄从而对古代的崇敬,是能把公民社会联结在一起的最强固纽带之一。但是,为了继续进行一场关于正义的坦率讨论,必须克服这一崇敬,哲人必须取代父亲在圈子中心的位置。苏格拉底必须劝导克法洛斯离开现场,因为克法洛斯超出理性之外,质疑他将是不虔敬的。

一旦权威被排除，苏格拉底和他的同伴们，就可以开始对祖传法则(code)和关于正义的习俗观点进行批判性审查了。这就是第一卷其余部分的重任。一切传统意见都不可信了；孤立的(unaided)理性，摆脱了偏见的限制，可以开始探寻一种关于正义的不仅仅是意见的理解了。这一批评是以解放(liberation)的名义进行的破坏性活动。对必须作为公民社会之成员的人来说，它是一项充满危险的任务，不能适当地出现在克法洛斯的眼皮底下。克法洛斯象征着那些对肉体和灵魂的抑制，它们对城邦的保存来说不可或缺。有某些令人不适的议题，提出它们对于那些提出者而言通常表明一种趋于恶行的倾向。提出极端问题的做法是一种坏做法，因为它的必然结果之一，就是对德性的习惯的败坏。对古老方式[*313*]的质疑的唯一正当理由是，结果有一种克法洛斯不知道的崭新且优越的方式可能出现。就其本性而言，祖传的东西对它自身的根基默而不宣；它是一种庄严的气度(imposing presence)，使那些可能被诱惑去太近地瞧它的人感到敬畏。

克法洛斯代表不能被质疑但又必须被质疑的祖传事物。虽然他的出现是短暂的，但通过一些细致的询问，苏格拉底成功地显示了克法洛斯的因而也是他所代表的传统的品格与原则。随后，老人就被微妙地排除了。克法洛斯是最充分意义上的父亲——他曾经很有爱欲，并拥有相当可观的金钱储备。他把自己呈现为一个言辞(speech)的热爱者，从而也是苏格拉底的朋友。但他只在老年时才热爱言辞，而叫人怀疑的是他是否在盛年(his prime)也如此认为。青春的激情把他引向肉体的快乐，只有当肉体衰弱时，他才转向灵魂的事情。对克法洛斯来说，言辞是一种打发老年光景的方式，而对苏格拉底来说，言辞构成了最高级的人类活动。克法洛斯的年轻激情，不管怎样诱人心动，却似乎曾把他引向了与正义相悖的活动，他把老年花在了对这些活动的担心和补偿上。因而,从正义的观点来看,爱欲(*eros*)是一件可怕的事情,是一头暴虐的野兽。对于一个像克法洛斯这样的人来说,生命总是在罪过与悔改之间被撕裂。只有通过爱欲及其魅力的死亡,如此一个绅士才能成为完全可靠的,因为他的爱欲既非导向正义亦非导向哲学,而是导向一种强烈而私人的肉体满足。

克法洛斯说,是品格,一种灵魂的属性,使他能够在老年心满意足。苏格拉底提出一个相当粗鲁的问题:难道金钱没有帮助吗?难道克法洛斯正在考虑的事情真的与金钱无关吗?难道对品格的坚持不仅仅是一种隐瞒依赖金钱之事实,并把一个人的幸福归因于他自己而非他的安适(well being)之真正物质来源的方式吗?难道对私人、家庭和城邦压倒一切的考虑不应该是对资金的获取吗?答案为既是又否。克法洛斯要是没有金钱会很不同,会更不幸福;他不像贫穷且不需要更多东西的苏格拉底。但克法洛斯不仅仅是一个挣钱者。金钱是必要的,但是,金钱把他解放出来以获取某种家庭和宗教义务的满足,这些东西升华了(sublimate)他的生命。他继承了金钱,无论原先在挣得它时做的什么不当行为,都已消散在时间之雾中。如果一个人过于坚持金钱的重要性,就不得体,这将导致对金钱的不当专注。克法洛斯和像他一样的人的特征,是对他们那种生活的前提条件的有益遗忘。

克法洛斯因金钱所享受到的最大好处是[*314*]避免了不义和不虔敬。我们在这儿第一次触及了将成为《王制》主题的问题。金钱问题似乎把他引向正义问题。老人害怕死后的惩罚,所以,他不想在欠人债务或欠神祭品抑或诈取或欺骗过任何人的情况下离去。他可以用自己的钱来偿还债务,供奉祭品,而且因为他拥有金钱,他便不会如此依赖别人,以致为了继续活着他需要行骗。诗人讲述的有关在另一个世界对此世所行不义施行惩罚的故事(tales)[1],在克法洛斯更为年轻时很少困扰他。他从前倾向于一笑了之;相应的是,他很少担心他可能正在做的不义之事。只有当死亡和死亡的前景接近之时,恐惧才促使他关心自己对人们和诸神的义务。他不能确定是否有这样的惩罚,乃至他是否真的有过不义之行,但审慎(prudence)劝告他一丝不苟地专注于他与人们和诸神的账目(accounts)。正义是一个自利问题:如果有保卫正义的诸神,一个人就应该关心别人。

在回应克法洛斯令人感动的解说——他如何希望以如此一种方式使用自己的金钱,以在正义和虔敬中度过余生——时,苏格拉底变得好辩起来。并未因老人令人赞美的意图而鼓励他,苏格拉底相当于告诉他,他不知道正义是什么,从而破坏了他的生活。这是对话中最具决定性的时刻之一,因为凭借这个问题,苏格拉底开始控制这个小共同体,迫使克法洛斯离开,使正义的本性成为要讨论的问题。苏格拉底表现得好像克法洛斯已经试图给正义下了定义,并反对他自己从克法洛斯的陈述中建构出的定义。根据苏格拉底对克法洛斯的观点的演示(rendition),正义就是实话实说和偿还债务。苏格拉底的方式非常奇怪。首先,他对让克法洛斯感兴趣的两者之一什么也不说:他没有提及虔敬,不管这是因为他认为克法洛斯对虔敬的理解是充分的,还是因为他对虔敬不感兴趣。其次,在他关于还债的讨论中,苏格拉底对于诸神和欠它们的祭品沉默不言。一句话,苏格拉底遗忘了神圣事物,而它正是克法洛斯专注的首要事物,苏格拉底使讨论成了仅关乎属人正义的讨论。与克法洛

① [译注]按 Bloom 译本卷一注 17,tale 专译具有思想史意义的希腊词 mythos,拙译通作“故事”。

斯不乐意面对事实——他可能对自己如此竭力完成的义务无知——相伴,这就是导致他离开的因由。当讨论继续进行时,他正在别处向诸神献祭,关心的是在讨论中被遗忘的东西。

苏格拉底的反对很简单。所有人都知道[315]欠债还钱是正义的,但每个人也都意识到,在有些场合,一个人就不必也不应这么做。因而,如果不自相矛盾,说正义是欠债还钱就不可能。我们必须探寻一个没有矛盾的正义定义。克法洛斯也意识到,一个人有时必须以正义的名义偏离正义的原则,但是,他从未考虑过这一事实的结果是什么。他必须遵循法律,属人的和属神的,否则他就得把时间花在查明正义是什么,而非做正义之事上。如果每个人都得决定法律是否适当地应用于所出现的每一种情况,政治后果将是无政府状态;并且,就个人而言,一项超出大多数人的能力和精力之外的任务就会被强加给他们。对克法洛斯来说,正义等同于城邦的法律,而法律是由诸神来保护的。正义问题仅仅按照他的观点来被表达:如果没有诸神,就没有理由坚持正义,也没有理由担心;如果有诸神,我们就必须完全遵守诸神的法律,因为那是诸神所希望的。但常识告诉我们,法律并非总是有助于诸神打算使其受益的那些人的好处。尽管如此,克法洛斯满足于在他的献祭中遗忘这一事实,即便他的行为可能在伤害别人。克法洛斯那无忧无虑的虔敬,似乎是极端的自私。他把对何为对别人真正好的东西的考虑留给了他的儿子,因为这一考虑将迫使他在正义事物与合法事物之间作出区分。克法洛斯把对如果死后没有惩罚那么何为有利生活的考虑,留给了所有深思熟虑的自私之人。同时,在诸神的保护下正义事物与合法事物的合一之中所表达的事物的统一,已被苏格拉底对克法洛斯的主张——我们应该偿还债务——的简单反对撕成碎片。现在这个小组的成员必须尝试去查明正义是什么,以及正义对践行它的人是否有好处。

虽然克法洛斯、玻勒马科斯和特拉绪马科斯(Thrasymachus)提出的正义定义都被发现有欠缺,而且必须被放弃,但关于它们的讨论并非完全是批评性的,它们的结果亦非仅仅消极。从每一个定义中都可学到某些东西,这些东西关乎政治生活的本质,而且被反映在最后的定义以及体现它的政制之中。

我们从克法洛斯那里学到,就大多数人而言,正义仅仅意味着遵循法律,今生与来生中的奖赏和惩罚对确保服从有必要,而服从本身对他们来说并不可欲。克法洛斯的定义失败了,是因为它不能说明如下情况——一个人被公认地免除了对[*316*]法律的服从。克法洛斯没有把握住法律的意图或原则。他相信私有财产的神圣性:不义就是拿走属于别人的东西;正义,则是尊重属于别人的东西。归属是由法律确定的。但是,疯狂和伤害意图是从一个人那里拿走被认为属于他的东西的充足根据。理性和善意,或者换一种说法,即良好地使用一样东西的能力和对共同体及其法律的依恋,显然是尊重一个人的所有权的条件。若是被普遍化,要求归还其武器的疯狂之人的简单例证,就远远偏离了像克法洛斯一样的人肯定尊重的法律的字面含义。解释当一个人偏离了法律的字面含义时应该注意什么标准——这相当于提出制定法律的目的,成了玻勒马科斯的责任。

*331d – 336a*

玻勒马科斯继承了他父亲捍卫法律的义务,从而继承了捍卫他将要继承的财产的义务。他以一种与私有财产的维持相协调的方式给正义下定义的努力失败了,《王制》在对一种政制的详尽描绘中达到高潮,在其中,唯一的财产资格是德性,它因而是共产主义的。玻勒马科斯插话时的原初意图,不过是为了支持他父亲的论点,即一个人应该归还他欠下的债。他通过引用一个诗人的权威来达此目的。然而(与克法洛斯的情况相反),在他的情况中,诗人的权威显然并非指诸神的更大的权威;他表达了他自己的观点。较之质疑年老而虔敬的克法洛斯建立在关于诸神传统之权威基础上的信条,苏格拉底能更为得当地质疑年轻的玻勒马科斯建立在西蒙尼德(Simonides)之权威基础上的看法。但即便在这里,苏格拉底也没有批评权威;他只是要玻勒马科斯解释一下。苏格拉底作出反讽的假定:西蒙尼德一定是正确的,而既然他是正确的,他的观点一定跟理性论证的结果相一致。玻勒马科斯被迫学习如何论证;这是踏上从对祖传秩序的无条件接受通往以理性为基础的新政制之路的第一步,在新政制中,父亲的意见的权威及其财产的权力毫无作用。等到与苏格拉底的讨论结束,玻勒马科斯意识到,他不能从西蒙尼德那里获取帮助,如果他想要对自己关于正义的信念满意,他就必须自己寻找理由。最终,他和苏格拉底一起同意,西蒙尼德没有说过玻勒马科斯声称他说过的东西,因为它不合理又卑劣。西蒙尼德仍值得尊重,但只是因为他被假定接受了玻勒马科斯和苏格拉底的权威,他们现在已经不受[*317*]他拘束。在讨论中,玻勒马科斯是试图使用一种权威作为信念的充分因由的最后参与者。在他之后,拥有自己的正义定义的特拉绪马科斯很快到来。

玻勒马科斯坚持认为,正义是归还一个人欠下的东西,但苏格拉底再次提出了使其父亲沉默的反对。为了挽救他的定义,玻勒马科斯必须改变欠债的意义。现在,正义不是归还给任何人他托管(has deposited)的东西,而是给予朋友好东西。一般而言,这将意味着遵循克法洛斯的规则,但它说明了例外:一个人没必要帮助一个意在伤害他的人——他必须是一个朋友;一个人必须关注别的团体的好,而克法洛斯则没有。两个重大主题出现了:友爱(或共同体)以及好——这是两个如果我们希望理解正义现在就有必要理解的永恒主题。当然,玻勒马科斯没有看出发生了什么,因为他在认识什么对一个朋友是好的时,看不到任何问题。

按照他曾用来使克法洛斯陷入困窘的例证,苏格拉底解释了玻勒马科斯的正义定义——善待朋友,毋加伤害。如果归还一件东西会产生害处,它就不用归还。但是,苏格拉底改变了这种情况中的受托管物:它是金钱,而非武器。这个小变动最具启发性,因为它拓宽了例外的范围,改变了它们的意义。克法洛斯将不会归还武器,因为它的所有者可能用它来伤害他;他的理由是一种出于自我防卫的自私理由;正义必须被践行,直到它显然对自己有害为止。一个疯子手中的金钱,并不像武器一样对另一个人显然有危险。如果一个人扣留疯子的金钱,这么做的理由就不再可能是疯子将伤害别人,而是将伤害自己。现在注意的焦点在于,金钱将对接收它的人而非给出它的人产生什么作用,这一问题是克法洛斯完全漠不关心的。克法洛斯关心的是正义将对自己有什么好处,玻勒马科斯关心的是正义对别人的利益。玻勒马科斯实际上比他的父亲更多地具有绅士风范。他呈现了正义问题的另一面——它对与个人相反的共同体的好处(good)。被构想为一个人自己的好处(one's own good)的正义与被构想为共同的好处(common good)的正义之间的关系,正是《王制》的持久关注;克法洛斯和玻勒马科斯代表了两极。也正是在这种情况下,由于认同一个人对金钱的占有只扩展到他能够很好地使用金钱的范围为止——亦即只对他有好处的范围为止——私有财产在根本上变得有问题。

在苏格拉底进行更多刺激之后,玻勒马科斯被引向通过断言敌人该被伤害来完成他的定义。正义是帮助朋友、伤害敌人。这是玻勒马科斯的也是绅士的[318]正义观。正如莱辛(Lessing)赞许地提出的:“对古希腊人而言,道德的伟大包括对朋友的爱,它与对敌人的恨是不变的一样,乃是永恒的。”尽管苏格拉底发现,对正义的这种理解最终并不充分,但他明确地同意莱辛,它对绅士和英雄的高贵而言是一种准则,比大多数选择更高级。这对于我们听起来刺耳,因为它与我们业已习惯了的普遍之爱的道德完全不同,如果我们想要理解它的尊严,就必须做出很大努力。这一尊严由坚定不移的忠诚构成,对一个人(man)养成的最初的、最为明显的依恋的忠诚——对他的家庭和他的城邦的忠诚。我们对这一品格的赞慕,显现在我们对为了得利、出于恐惧、甚或为了追求理想而宁愿背叛家人或朋友之人的惧恶(horror)中。这种忠诚似乎是自然的,因为它随我们最初的嗜欲和趣味而发源于我们自身;它与对我们自身的热爱相符。它不包括对一个人不能在总体上加以认识的人性的爱的抽象方面,这种爱在人之中无差别。它更为强大,因为它有排他性;它停留在可能的人性关怀的界限内。

但是,尽管很多人可能愿意承认一个人对他自己的责任优先于那些对整个人类的责任,为何有必要伤害敌人或者为何在根本上需要有敌人,仍然很可能被问起。答案是双重的。有一些不义之人,如果我们不使其虚弱无力,他们将毁坏我们自己的家庭或国家的好事物和好生活。而且,即便没有人对本族群不义(natively unjust),世上的好东西仍有短缺。一个人群的好生活把别的群体排除在外,后者意欲甚至可能是被迫夺去前者的好东西。拥有一个人自己的家庭或城邦,暗示着自己人和外人之间的区分;而外人就是潜在的敌人。作为帮助朋友和伤害敌人的正义,特别地乃是一个对正义的政治定义,它的尊严随着政治生活的尊严而起落。每一个国家都会经历战争,必须保卫自己;只有当它拥有关心它并愿意杀死别国公民的公民,它才能这么做。如果朋友和敌人之间的区别以及帮助前者伤害后者的倾向,被从人的心灵和头脑中消除,政治生活将会不可能。这是对正义的必要的政治定义,它产生了在公民德性中得以表达的特定类型的属人的高贵。苏格拉底不是像他看起来做的那样全然拒绝它。在他的最佳政制中,被他比作高贵的狗的战士,分享了高贵的[*319*]狗的最为显著的特征:对熟人温和,对生人粗暴。这是政治人的力量和弱点的关键。

苏格拉底对这一定义的分析可被划分为三部分:(1)对一个人如何可以给予朋友好处的讨论(332c – 334b);(2)给朋友下定义的尝试(334c – 335b);(3)对一个正义之人可以施加伤害这一观念的批评(335b – 336a)。

苏格拉底从断言西蒙尼德意指所欠之物乃是适宜之物开始。托管物不再重要。一个人是否托管了某种东西没有关系;唯一的考虑是,对他而言什么是适宜的。正义可能意味着从他那里剥夺他认为属于他的东西,或者给予他某种他似乎从未要求得到的东西。在这一重新作出的明确表述中,给朋友以好处和给敌人以伤害等同于给双方以适宜之物。玻勒马科斯的意思是,我们给予朋友他们想要的东西,拒绝敌人他们想要的东西。通过专注于对人们而言客观上适当的东西而非他们的需要,苏格拉底改变了玻勒马科斯的意思。一个生病的朋友被给予医药时,不管他喜欢与否,都是被正义地对待。这一在着重点上的转移暗示了,正义之人的首要关注,一定是某种玻勒马科斯从未考虑过的东西:重要的与其说是把好东西给予朋友的意向,不如说是知道那些好东西是什么。正义必须是某种知识。

因此,苏格拉底转向了最为明显或许还是唯一确定的关于适宜之物的知识的模型——技艺(the arts)。医生希望把适宜之物给予肉体,并知道什么是适宜的以及如何给予它。正义之人,如果他要在其意图上获得成功,亦须拥有一项技艺。现在,问题变成了确定正义的技艺,说得婉转些,这是常识不能像理解别的技艺那样迅速理解的技艺。在形式上,它肯定是把好处给予朋友、把伤害给予敌人的技艺,如同烹调术把滋味给予食物。

然而,马上显露出来的是,正义不是唯一能够帮助朋友和伤害敌人的技艺。医疗术和航海术比正义对生病或航行的人有大得多的用处。事实上,每一种技艺都指向某种好处,因而,每一种技艺都能产生正义之定义所要求的恩惠或损害。问题是要发现什么是正义可做到而别的技艺却做不到的,这显然是一个困难的——或者毋宁说,一个不可能完成的——任务。玻勒马科斯提出,在战争事务中,以及和平时在保管所托付的金钱时,正义最有用、最不可或缺。这一回应,对得知玻勒马科斯的[*320*]正义观比对解决正义主题的问题更有用。战争与金钱的联系是明显的;玻勒马科斯意指的那种好东西以及正义的公民就是战士这一意义,更为清楚地显现出来。但是,如同他在其他情况下所做的,苏格拉底可以轻易指出,一个熟练的士兵在战争中比一个正义的人是一个更好的伙伴,一个训练有素的银行家在和平时比一个正义的人是一个更好的伙伴。苏格拉底通过他使用的例子表明,至少就玻勒马科斯而言,在排除了外人的人们的共同体中,正义与对好东西的获取与分配有关(332 c – d,333a,333b)。这一对话的非凡结果是,正义在把好处给予朋友、把伤害给予敌人的事业中是无用的。已经发生的是,苏格拉底和玻勒马科斯发现,世界在各种技艺中被分割开,没有给正义之技艺留下任何余地。一个医生可能给予他的朋友好处,因而是正义的,但正义仅仅限于他的技艺的运用,而这是某种并非正义的东西。技艺是给予好处和伤害的手段;技艺拥有主题,而正义却没有;因而,正义不是一种技艺,不能给予好处。正义消失了。

而且,苏格拉底坚持指出,技艺是中立的,它们能够同样轻易地产生相反的结果。对玻勒马科斯而言,这一事实特别令人震惊,因为它的后果是,正义之技艺的从事者将像擅长于护卫一个事物一样擅长于偷窃,既说实话又撒谎。技艺中没有什么东西会指导一个人他应该做什么;他将仅仅在技术上是熟练的。正义之人并未成为可靠之人的典范,而是成了不可信赖之人的原型,无指导原则之权力的拥有者。他是一个小偷和说谎者,与玻勒马科斯的父亲定义的还债务、说实话的正义之人相反——这一定义被玻勒马科斯继承了,他正在尽力捍卫它的本质。

当然,这已得到了承认:正义之人有时不会偿还他的债务,甚至会向他的朋友撒谎,所以,这一论证的结果不应叫人感到惊奇。但玻勒马科斯不愿意接受它。他是一个绅士,有些事情——不名誉的事情——一个绅士永远不应该做。他或许承认它们必须得做,甚至会做它们,但他拒不认可他所做事情的后果。倘若他认可了,似乎会以一切标准的丧失为终结。生命被按照固定的规则来安排,例外隐藏在沉默中。玻勒马科斯会被指控为伪善,他的那种道德主义的局限性在此暴露出来。苏格拉底暗示,玻勒马科斯捍卫的好东西,很可能是以不那么正派的方式获得的,对此的[321]记忆消失在时间之雾中。但更糟糕的是,他的品格如此这般,以致他可能宁愿产生伤害,也不愿用不够绅士的手段去达成好的目的。苏格拉底,正如《王制》所展示的,并不厌恶谎言,也绝非私有财产的尊重者。

无论如何,假设正义是一种技艺,确实导致严重的困难,这些困难被反讽地表达在了正义之人既是无用的又是一个小偷这一观念之中。看起来技艺需要特别的主题,并且技艺在道德上是中立的。

我们被迫放弃这一假设,有人很可能会问,它一开始为何被给出。我们都感到正义是一种意向,如同克法洛斯原先指出的,一种每个人除了自己的技艺之外都必须拥有的意向。一个医生除了能够治疗他的病人,还必须倾向于此;否则,他与其治愈他们还不如为了获利而杀死他们。不过,苏格拉底为何把对话转到这一方向?

首先,我们必须记住,随着克法洛斯的离去,祖传的权威被人们能够为自身而认知的东西所取代,被理由充分的经验证据所取代。技艺是所有那些不需要信仰行为、不需要一种特殊传统指导的所有人可获得的知识的最为明显的来源。想知道一个人欠了别人什么的欲望,将最为迅速地导向试图辨别一种技艺,它能够指导我们,正如医疗术在健康问题上指导我们。而且,无论习惯在我们称为正义的品格中能起多大作用,一个人遵循规则却不知道它们背后的理由,也显然完全不够。克法洛斯就是十足的证明。我们的医生本该遵从希波克拉底誓言(Hippocratic oath),而那种遵从在某种意义上将使他们可以信赖。但是,最终,最重要的事情是关于那一誓言的好处、关于遵循它为何有益的知识。一个医生的活动之所以有价值,取决于此;不管他可能在技术上多么熟练,倘若关于这一首要问题他毫无知识,他的天分都是无用的或危险的。正义必然且首先需要一种关于什么对人和共同体有好处的知识;否则,关于技艺的知识与技巧都会服务于权威性的神话。

现在,与玻勒马科斯的讨论,以一种否定的方式概括了所需知识的品格必须是什么。它一定不同于所有那些总是出现在每个共同体中的技艺——做鞋、编织、木匠等。这就是《申辩》中苏格拉底讲述他寻求智慧之人时所意味的。他发现,诗人和政治家实在毫无所知,而工匠[322]的确知道一些。不幸他们的知识是有限的、部分的,苏格拉底说,他宁愿像他所是的那样无知,而不愿像他们所是的那样有知。因为他们满足于自己的能力,回避更重大的问题。以苏格拉底的方式无知,就是向整全开放。工匠是知识的模型,但他们的那种知识,不适用于诗人和政治家的领域。问题是把诗人和政治家的关注与像工匠那样拥有的知识结合起来。这样的知识正是苏格拉底在探寻的。

与玻勒马科斯的讨论和《申辩》中描述的工匠的质问导致同样的结果。工匠被发现是不充分的,而论证的不充分性在此揭示了原因。这些论证建立在技艺像医疗术一样自足这一假设的基础上;但实则不然。医生可以产生健康,但他没有从医疗术中学过健康是好的,所有的技艺都类似于此。它们处理种种局部的好,而局部的好以关于整体的好的知识为前提,并服务于(minister to)整体的好。讨论的错误,在于为正义寻找一种特别的主题,在于使它成为很多技艺中的一种,在于似乎关于医疗术只有医生才有话说。为了帮助一个生病的朋友,我们不仅需要一个医生,还需要某个人,他知道健康对谁是适宜的,以及为了健康而应该牺牲掉多少其他的好处,并且,他能够指导医生做最有助于病人的事情。有某些主导性技艺(master arts),它们统治整组整组的从属性技艺(ministerial arts),并对这些从属性技艺是必要的。这些就是亚里士多德(Aristotle)所谓的建筑师式技艺(architectonic arts)。木匠、泥瓦匠、屋面工,等等——如果建造房屋,所有这些人都需要一个建筑师。建筑师比他们更重要,他指导他们,而他自己没必要做一个木匠、泥瓦匠或屋面工。没有建筑师,所有与建筑有关的其他技艺都缺少一个目的,并且都是无用的或者更坏。类似地,正义必须是一种主导性技艺,统治着那些产生局部的好来为整体的好服务的技艺。换言之,正义必须是一种关于整体的好的知识,所有其他技艺都不知道这种好,但都以其为前提。立法者实际上组织所有的技艺,并告诉这些技艺的从事者，什么是他们能做的，什么是他们不能做的。苏格拉底提出的是一种立法科学或政治科学。如果每个工匠都遵从一个在这一科学上有智慧的立法者创立的法律，他就会是正义的，正义就会在各种技艺遵守法律的实践中照顾好它自身。以这种方式，技艺将为每个人都提供适宜的东西。

这一论证把世界在各种技艺之间分裂，却没有反思被分裂的世界，正是这一论证的不充分性指向了一种反思被分裂世界的技艺；这一技艺必然是正义。因而，苏格拉底教导，[323]为了在充分意义上坚持正义，一个人必须成为一个哲人，哲学对正义而言是必需的。哲学确实有一个在帮助朋友和伤害敌人上有助益的主题，因为只有它知道什么是好的或适宜的。只有它不是中立的，因为，按照它的定义，它探寻整体的好。以此方式，正义将是知识，将是有用的，并将不能漠不关心地产生相反的结果。这就是论证迫使我们寻求的解答。在哲人统治的工匠共同体中，好处将被给予朋友。然而，这一解答必须直到后来才出现，因为玻勒马科斯实际上对哲学是什么没有任何概念，在这种思想水平上发现解答是不可能的。诗人和法律告诉了玻勒马科斯每种事物的适当之处，这就是他在帮助朋友中没有发现任何困难的原因。他的世界是一个前哲学的世界，并且这个世界的权威在哲学被探求之前必然已完全不足为信。

在使玻勒马科斯对帮助朋友、伤害敌人的方式感到彻底困惑后，苏格拉底转向什么是朋友这一问题。他和玻勒马科斯都同意，人们把那些他们信以为好的人当作朋友。问题在于：他们是实际上一定是好人，还是为了成为朋友而仅仅看起来是好人？玻勒马科斯明智地（sensibly）回答说，实情并没有它被认为是什么更为重要。几乎所有的人都有朋友，很多人不能判断他们称为朋友的人的真正品格。如果双方都得是好人，并知道这一点，友爱将会非常稀少。

但是,紧随这一朴素供述的,是一个对玻勒马科斯而言无法容忍的结果:就正义之人在关于人的好上犯错而言,他将帮助坏人伤害好人,因而是不义的。一个简明的重新表述解决了问题:朋友正是那些看起来好、实际上也好的人。

但是,如果严肃看待这个小变化,它将对玻勒马科斯的生活产生最为深刻的影响。他的第一个供述,即他的朋友是那些对他而言看起来好的人,反映了他实际思考的方式。这是一种随和的见解,是大多数人的典型看法。他知道朋友是谁。我们的朋友是那些围绕着我们的人,坚持认为他们必须是好的是次要的考虑,一个给它戴上抽象套环的考虑。这一考虑在言辞中被承认,但在行为中却鲜有影响。这意味着,忠诚地服务于他们的朋友之人,经常有欠考虑地行不义之事。仅仅通过做出更多努力无从避免这一结果,因为,玻勒马科斯的观点不只是他的懒惰的结果,更是他对家庭和城邦的依恋的产物。他把好原始地确认为他自己的东西。他像他那位想把苏格拉底当作朋友并[*324*]邀请他成为其家庭一员的父亲。外人只有通过成为家庭"归化的(naturalized)"成员,才能成为朋友;血缘关系很重要。甚至对城邦的忠诚,也被理解为一种家庭的延伸。这一把在自身之中发现好并把自己奉献给它的趋向,是人性中最为强大的冲动之一,是伟大的献身与精力的来源。一旦在好东西和自己的东西之间作出区分,对家庭和城邦的忠诚原则就被削弱。为了坚持正义,一个人必须探寻好人,无论他们可能在哪里,即便在与他自己的国家开战的国家。如果必须追求好,那就必须消灭对我们自己的东西的关心,否则它将使我们不正义,并阻止对好的寻求。这侵蚀了家庭和城邦;它们必定试图防止这一区别,甚至不让它暴露出来。当然,玻勒马科斯将把对他首要的忠诚的遗弃看作对他的生命之目的和尊严的毁坏。尽管如此,如果他要跟论证保持一致,就必须做出这一牺牲。一个希望坚持正义的人必须是世界主义者。

到此为止,苏格拉底已经把我们领向这一审视:为了帮助朋友、伤害敌人,一个人必需只做个哲人,并放弃自己对大多数人称之为朋友的那些人的情感。现在,他攻击这一定义所暗示的全部观点。他坚称没有一个正义之人会伤害任何人,因而使他自己对正义的理解与绅士们对正义的理解相左。他对正义的理解是一个完全非政治的观点,似乎否认了朋友和敌人之间的区别。它不考虑对侮辱进行报复的欲望,并且它似乎以生活本质上不是竞争性的这一观念为基础。苏格拉底并非提出正义之人将要帮助所有人,而是提出他将要帮助他的朋友,对别人则保持漠不关心。玻勒马科斯相信,帮助朋友却不伤害敌人是不可能的,因为每个城邦都为了占有稀缺的东西而与别的城邦处于竞争之中。不存在没有敌人的城邦,一个人若不希望危害他的城邦的敌人就不是一个好公民。如果一个人使自己脱离了城邦的视角,而且他认为好的东西既不受威胁又不稀缺,他就会对敌人漠不关心。只有心智之物才是如此,因而属于所有人,既不必排除某些人,也没有因排除而发生的战争。没有人为了享有知识而需要夺取别人的知识,像一个人为了使用别人的金钱而夺取它那样。苏格拉底的观点是哲学的观点,依此,知识是最高的好;玻勒马科斯的观点是城邦的观点,依此,财产是最高的好,至少是最需要的好。

[*325*]在他们的讨论的结论性部分,苏格拉底和玻勒马科斯实际上对伤害某人意味着什么拥有截然不同的理解。苏格拉底说,伤害是使一个人或事物在其特殊的德性方面更坏。正义,他不带任何证据地声称,是人的德性,因此,伤害某人可能就是使他更不正义。纠正了他更早些时候的陈述,即技艺是完全中立的,苏格拉底进一步声称,技艺的从事者若是忠于他们的技艺,就会献身于他们不能

忽视的目标。因此,正义之人不能通过正义使另一个人更不正义,从而就不能伤害他。现在,当玻勒马科斯说到伤害敌人时,他没有这种观点。他的意思是取走敌人的财产或生命,因为这些是好东西。苏格拉底的观点则与如下看法完全相符:只要不使敌人变得更不正义,偷窃或杀死敌人就是正义的。苏格拉底和玻勒马科斯关于什么是真正好的东西看法相左。尽管玻勒马科斯对正义极尽赞慕,但正义仍不是最高的东西,同样也不是要寻求的东西。正义只是达到保存生命和财产之目的的手段,而非自身就是好生活的目的。

玻勒马科斯的正义定义可被视为为满足集体的自私而必需的规则:忠诚于你自己所属群体的成员,以便你可以最佳地剥夺外人。并且,原则上,如果正义自身并不好,那么这种自私就没有理由不可被延伸至个人。苏格拉底之所以能够主张这一看起来如此具有绅士派头的定义实际上是一个富裕僭主的产物,原因端在于此:如果财富是目的,那么达至目的的最佳方式就是破坏所有的信义,攫取一个人的城邦中的权力,并尽他所能地征服很多国家。仅当正义是目的、而非手段时,不懈地坚持正义才是合理的。

在玻勒马科斯对财产的热爱和他对正义的热爱之间有一种张力——他自己对此并无意识。这就是苏格拉底所暴露的和特拉绪马科斯要发挥的。特拉绪马科斯说,正义就是一伙与自己的受害者直面相对的强盗的道德,只有傻瓜才受骗上当去重视(making sth more of)它。在绝对的自私与完全献身于共同好处(common good)之间,玻勒马科斯处于一个无法防守的位置。绅士的道德自相矛盾,如果他是精明的,绅士渴望的好东西将导致僭政。特拉绪马科斯继续前行在通往僭政之路上,这条道路正是苏格拉底的问题把他导向的道路。

*336b－354b*

特拉绪马科斯突然激烈地闯进讨论。他之所以愤怒，是因为苏格拉底和玻勒马科斯从事了一场[*326*]对话。他视此为一种软弱的形式。对话的参与者遵守特定的规则，它们像法律一样控制他们的交往；他们寻求共同的协议，而非尽力赢得胜利。辩证法的技艺，似乎把一种正义施加在那些实践它的人身上；而修辞术，不遭任何质疑地做长篇演说的技艺——特拉绪马科斯的技艺——被用以强化自我。特拉绪马科斯把辩证法看作修辞术的对手，并希望向他的听众展示修辞术的优越性。而且，特拉绪马科斯不仅反对他刚听到的东西的形式，还反对其实质。作为给予别人好处的正义，正与辩证法的自制(self－abnegation)相适合，且在不健全上与后者如出一辙。它是愚蠢，即审慎的直接对立物。愚蠢使一个人认为正义是给予别人好处，同时还设想正义对行事者也有好处。特拉绪马科斯为了不道德而采取了道德义愤的腔调。他指控苏格拉底做坏事，还指控他欺骗别人；因为苏格拉底的方法是反讽，所以他是一个掩饰者或伪君子。他把一种更高的好强加于人，而这种更高的好连他自己也不相信，并使人与城邦都忽视自己的需要和利益。

特拉绪马科斯希望惩罚苏格拉底，在充满了对苏格拉底的控告和审判进行暗示的一卷，特拉绪马科斯对苏格拉底做出了最为直白的谴责；如果被他打败的话，特拉绪马科斯坚持要苏格拉底为自己提出合适的惩罚，这预示了宿命的一天，届时，受谴责的苏格拉底被雅典的法律强迫提出自己要受的处罚。对特拉绪马科斯，一如将来对雅典的陪审团，苏格拉底声称他没有钱；现在，一如将来，他的朋友们愿意为他提供必要的资金。特拉绪马科斯和城邦都对苏格拉底不接受其观点感到生气,因为这观点看起来就如白日昭昭。两次指控的根据似乎不同,但很快就显明的是,特拉绪马科斯的正义定义实际上与城邦的相同,并且他作为城邦的代表来行动。一旦他断言正义是强者的利益(the advantage of the stronger),他就解释说“强者”意指那些在城邦中掌握权力并构成其统治者的人,无论统治者是由民众、富人、出身好的人还是单个人组成。正义是统治者在法律中所规定的任何正义之物。这恰恰是城邦所主张的,而苏格拉底同时违背了城邦和特拉绪马科斯,因为他提出正义超越于法律——也即提出,如果智慧之人统治,那么法律甚至可能不必要。这一观念不仅反法律,还特别反民主,因为它所指望的是少数智慧之人,而非多数自由之人。特拉绪马科斯坚持认为,统治者的命令是[*327*]终极的,并且没有任何求助对象(recourse)可超越其上;而苏格拉底则坚持认为,法律只有在如下程度上才是正义的,即法律达到了高于法律、且独立于统治者的愿望的正义标准。

特拉绪马科斯的正义观与城邦的正义观一致,这有助于解释先前提到的他为了不道德而表达的道德义愤,这种道德义愤在城邦的行为中亦有其对应物。城邦坚持自己的法律是正义的,并惩罚那些违犯它们的人。愤怒似乎是一种对违犯法律者的适当反应,他们被认为为了自私的目的而伤害了别人。但是,特拉绪马科斯揭开了覆盖在统治者及其法律的自私之上的面纱。那些法律自身服务于城邦中一部分人的私人利益,并伤害它的其余部分。法律并非指向共同的好处。然而,城邦将继续把犯法者当作不义之人和共同好处的敌人来处死。对法律的冷淡或敌意在人们身上唤醒的愤怒,是一种保护法律从而保护城邦的强大力量,但它也可能是正义的敌人,且肯定是哲学的最大敌人。特拉绪马科斯的技艺为城邦的激情赋予言辞,他是城邦责罚苏格拉底的代理人,其服务于这一激情的行为模仿了城邦的行为。

特拉绪马科斯的忿怒的直接原因,是苏格拉底与玻勒马科斯进行论证的目的。在默许正义是好这一前提的基础上,论证导向这一结论:正义是一种给予它所服务之人们以好处的技艺。正义之人同时有利于别人和自己。这意味着有一种共同的好处;共同体靠正义维系在一起,并且没有人为了它而牺牲自己的个人利益。反之,如果——用苏格拉底的夸张表达——正义是人的德性,那么每个人都在全体的繁荣中获得满足。一个正义的人从不伤害任何人。依据其关于世界和城邦的实际运作的知识,特拉绪马科斯把这一观点当作一种该受责备的单纯的结果,这种单纯破坏了被其愚弄(taken in)之人的幸福。实际而言,如克法洛斯的例子所示,正义就是遵守法律。这的确是城邦所说的正义之所是;即便有一种自然的正义,它也必须被具体化为一种政治性法律的规范(a code of political law),以便起到现实的效果。城邦总是把它的法律表现为自身的基本部分(constitutive part),像对待领土和人口一样。但事实上,这些法律可能多变(vary),而领土和人口则不能;法律是政制的一个功能,也是治理城邦的那类人的一个功能。当穷人或富人或古老的家族或僭主夺取一个城邦的统治权时,城邦的法律相应地发生改变。统治者制定[*328*]法律,那些法律总是正好反映统治者的利益。寡头政制制定青睐和保护寡头政制的法律;民主政制制定青睐和保护民主政制的法律,如此等等。政制是绝对的起点;没有超越它的东西。要理解一个城邦中被践行的正义种类,我们必须注意政制。法律的源头存在于属人的(human)、过于属人的东西之中。因敬重或恐惧而遵守法律的人,只不过是在服务于强者的利益,不管强者是单个人,民众中的大多数,还是城邦内任何在政治上相关的团体。无论如何,如果这是实情,审慎与自利将指令个人:他应该要么尽力规避法律,要么自己成为立法者。特拉绪马科斯的论点只不过是说,政制产生法律,政制之成员期望他们自己的好处,而非共同的好处。城邦不是一个统一体,而是一个彼此对立的各党派的合成体,最终战胜别人的党派是法律的来源。在僭主政制和其他政制之间没有根本的差异,因为它们都拥有同样自私的目的。因而,正义不是最基本的现象;立法者不能把自己建立在正义之上,因为正义是法律的结果。

苏格拉底没有否认统治和建立法律的是强者。他默默接受了这一观点:所有现存的政制正如特拉绪马科斯所说的那样。因而,两个人都同意:统治集团的品格是政治的核心;统治者是强者;正义是一种政治现象,而且必须具体体现在城邦的法律中。他们之间的分歧在于:所有的统治者和所有的立法者是否应该像特拉绪马科斯坚持认为的那样自私。以此观之,问题在于政制——谁统治;苏格拉底试图找到一种人,一个政治阶层,他们既是强者又有公共精神(public - spirited)。

然后,苏格拉底转而批评特拉绪马科斯对统治者的看法。他通过指出统治者有时会犯错误,很快就成功地使特拉绪马科斯陷入窘境;从而,对法律的服从,可能对统治者有利,也可能对其不利。只有当强者(统治者)知道自己的利益是什么,正义才是强者的利益。现在,重点从力量转向知识。苏格拉底的问题,看似与统治者在达至目的之手段方面所犯的错误有关,但可能更适用于在确定行为的适当目的时所犯的错误。那么,苏格拉底也就是在询问统治者是否真的知道什么是有利的,并引领特拉绪马科斯进入一个他几乎没有考虑过的深层问题的领域。像玻勒马科斯一样,特拉绪马科斯想当然地认为,最为通常的欲望对象——特别是任何与财富有关的东西——都是有益的,并且有关它们的知识都是已知的(a given)。特拉绪马科斯是最为轻率的(thoughtless)意见和欲望的最为[*329*]深思熟虑的(thoughtful)代言人。他教导一种技艺,通过它,人们可以得到那些好东西。对他而言,一个错误的统治者是不知道达到特定目的的合适手段的统治者。他希望教育一个聪明而自私的人,一个知道如何获得自己想要的东西的人。但是,正如苏格拉底将要表明的,这一私欲获得满足的工匠实际上与特拉绪马科斯同样衷心拥护的粗俗趣味不相协调。正是通过发展这一矛盾,苏格拉底将能驯化这个蛮横的野兽。

特拉绪马科斯本可轻易地避开苏格拉底呈现的困境。鲁莽的克利托普丰(Clitophon)闯入谈话以捍卫特拉绪马科斯,并向玻勒马科斯(他现在是苏格拉底的同盟者和捍卫者)展示这一路线如何清晰。就像克利托普丰坚持他意欲的,特拉绪马科斯只好说,正义是看起来(*appears*)是强者之利益的东西。这一立场接近法律实证主义:正义只是城邦所说的正义之物,舍此无他。克利托普丰断言,统治者建立的法律以他们可见的(*apparent*)利益为基础。这一立场可能不真实,但并未违背常识,且似乎建立在城邦之实际运行的基础上。这一论点仅仅断言,法律的唯一源泉和裁决者是最高统治者,因而,寻求更高的正当性(justification)乃出于愚昧无知。定义统治者的唯一标准,即他们在城邦中拥有制定法律的权力,舍此无他,而什么是真正有利的这一问题被搁置了。克利托普丰解决苏格拉底之难题的方案,不包含那些促成特拉绪马科斯垮台的内在矛盾。

然而,特拉绪马科斯却选择通过论证统治者总是对的并知道他自己的利益,来回应苏格拉底的异议。犯错误的统治者不是统治者;换言之,几乎所有的统治者都不是真正的统治者。不是说统治者确实(*do*)按照科学性的自私(scientific selfishness)行动,而是说他们应该(*should*)这样做。通过提出一种与之相反的选择,特拉绪马科斯仿佛预先为苏格拉底的最佳政制作了准备。正如在苏格拉底的好城邦里，统治者将被训练为完全具有公共精神的人，在特拉绪马科斯的城邦里，将有完全自私的统治者；总之，统治者在两种政制中的确拥有共同点，事实上他们都是认知者（knowers）。特拉绪马科斯的政制正如苏格拉底的政制一样，乃是不可能的，且违背经验。特拉绪马科斯并非捍卫这一似是而非的观察结果，即拥有自私意图的统治者是法律的源泉，而是使自己受累于某种相当于道德律令的责任，即统治者必须既是自私的又拥有完美的知识。

特拉绪马科斯为什么这么做？首先，他完全是在考虑了自己立场的后果之后得出的结论，与那些持一种粗鲁实证主义的论者们不同。如果法律没有比人类习俗更深刻的权威，[*330*]任何对他应该过何种生活进行根本思考的人都将意识到，他不能依靠法律作指引。每个人都合理地追求他自己的好处，如果没有共同的好处，他将完全为自己的私人满足而利用法律。这正是个人可以从法律只不过是统治者的意志这一教导中得出的教训；聪明的僭主似乎是最好的学习了这一教训的人。因而，统治者是探求他自己的利益之人；既然别的目标都是虚幻的，这么做几乎就是唯一的选择。如果不能做到，他作为一个统治者和一个人便是失败者。特拉绪马科斯从一个想要生活得好且已懂得了正义本性之人的观点来看待政治；正是这一视角致使他超越了克利托普丰的定式。

其次，特拉绪马科斯在这篇戏剧中扮演了城邦的角色，在这一意义上他呼应着城邦的坚持：它知道真理。因为城邦几乎不可能承认它的法律在本质上容易出错。它的宣布必须是权威性的，所有的知识，属神的和属人的，都必须得到统治者的批准与整编。城邦对智慧具有垄断权。否则，每个人就都会不服它而上诉了。

最后，作为一种技艺的从事者和教师，特拉绪马科斯相信，那一技艺对想要过上好生活的人来说是最重要的技艺。他势必声称自己拥有知识,并能够把知识传授给别人。如苏格拉底所示,特拉绪马科斯正在雅典寻找学生,为了生活,他需要他们的钱财。他求诸雄心勃勃、出身高贵的政治青年。他们希望做统治者。但是,如果没有一种技艺,拥有它就能使一个人成为统治者,并能令他实现统治活动中所追求的好处,那么特拉绪马科斯又有什么可教授给他们呢?克利托普丰的论证暗示,只能通过占据职位来定义统治者,而无法通过任何使其有实现目标之能力的特殊技能来定义统治者。这对特拉绪马科斯的职业来讲是灾难性的。因而,在人们将能满足自己希望的意义上,特拉绪马科斯宣称,他教导的是一种能够使人成为统治者的技能。通常的统治者潜在地是完全自私而成功的统治者。若不关涉这一目的,我们就不能理解他,正如若不关涉治愈病人之目的,我们就不能理解医生。在自己的利益方面出错的统治者并非一个统治者,正如在计算方面出错的数学家不是一个数学家。特拉绪马科斯向他的学生许诺了政治上的成功。他关于"在严格意义上"的统治者的定义,是他的职业宣传的一部分。

[*331*]在对这一统治者定义——他是对一门技艺拥有完全知识的人——的讨论中,我们看到,特拉绪马科斯不仅仅是一个热爱得利的人。依其方式,他还是一个热爱知识的人。他是并非不寻常的现象——"知识分子"——的模型。虽然他献身于一种关乎知识的生活(a life of knowledge),但他的激情并不服务于知识。知识并非为了知识本身而被追求,但他认同,在为了知识本身而献身于求知的生活中有一种优越性。正是这一矛盾击败了他,因为严肃看待知识将使人超越对私人利益的专注,朝向一种献身于普遍关怀的无私生活。特拉绪马科斯对技艺与理性的尊敬使苏格拉底可以驯化他,不仅因为当论证与其激情相反时,特拉绪马科斯仍被论证强迫着,

而一个更缺少理性的人则不会这样,而且因为他被苏格拉底的技艺和技能激起了兴趣。即使他的论证并非总是极好,苏格拉底仍成功地取得了胜过伟大修辞家的优势。这是使人印象深刻的成就。当城邦面对苏格拉底时,城邦自身摧毁了苏格拉底;特拉绪马科斯则着迷于苏格拉底的论证,并最终成了他的朋友。城邦的知识分子的声音可能变得温顺,而城邦则永远不会。《王制》,一部关于完美城邦的书,以拥有完美的对话者们为特征,换言之,没有他们,城邦就不可能建立起来。同时,这些对话者们是可被说服的,论证能说服他们去适应一个与他们的可见利益相悖的新型世界。正如要在行动中(in deed)建立最好的城邦,我们必须拥有几乎令人难以置信的条件,要在言辞中(in speech)建立它,我们则必须拥有非凡的对话者。

特拉绪马科斯提出了统治者的精确定义,它假设:统治是一门技艺,而技艺是一种巨大的好。在此之后,对苏格拉底而言,反驳特拉绪马科斯——更确切地说是使其沉默——就是简单的问题了。这一论证具有特别的旨趣,因为它以一种最为激进的形式提出了正义问题。苏格拉底进而表明,所有的技艺都指向【相应的】对象(subject matters),它们与那些对象而非它们自身有关;所有的技艺都统治着某种事物,它们对被统治事物的好处感兴趣。一门技艺的从事者,至少在严格意义上不服务于他自身;相反,他完全忘记自己。特拉绪马科斯的定义导致对其意图的最大偏离。倘若一个人想要拥有一座其民众只关心公共事物而非私人事物的城邦,他就只需寻找一种方法,以建构一个住满严格意义上的工匠的城邦——这正是《王制》的解决方案。当一个人达到献身于他的天职的境地,他就忘记了自己的利益。

[332] 特拉绪马科斯背叛论证强迫他得出的结论;为了尽力驳

倒它,他引证了俗世的方式。牧人关心他们的羊群,是因为它们可以吃,而非为了拥有幸福的羊群。统治者照料人民正如牧人照料羊群:作为剥夺的对象。一个照看羊群的好处的牧人不会帮助它们,而只会服务于他的主人的嗜欲。相似地,关心人民并献身于共同好处的人,只是为了城邦主人的剥夺而使人民更肥。对牧人而言,欺骗他的主人并由自己来吃掉羊群或者使自己成为主人,更为合理。现在,特拉绪马科斯使这一点显而易见了:正义对一个人是有害的,并且最好的生活方式是最不正义的那种——僭主的生活。他对苏格拉底之论证的义愤是可以理解的,因为人们必然想知道,谁或什么会照顾这样一位工匠 - 统治者,他一样是人,一样拥有自己的需要和希望。他为什么会愿意做一个统治者?特拉绪马科斯不能找到这一问题的答案,因为他自己的主张束缚了他。

是苏格拉底自己提供了一个答案,尽管它神秘而反讽。重申了这一原则,即一个牧人——或统治者——按照定义只关心自己的畜群,然后苏格拉底补充说,既然工匠从自己的技艺中不能为自己取得任何东西,他必须被付给工资。根据苏格拉底,一个挣工资的人是挣工资者之技艺的从事者;事实上,每个工匠从事两种技艺——一种使他获得自己称号的技艺和一种挣工资者的技艺。他以后一种技艺关照自己;以前一种技艺关照别人。于是,挣工资便是覆盖了一个人生命中操心自己的个人利益那一面的标题;他必须为自己提供必需品,除了他人的好处,他还追求自己的好处;他不是无私的奴仆。

因而,一种新的技艺,一种新的技艺类型,显露出来了。不过,这一技艺与先已作为讨论基础的技艺之定义相抵触。挣工资者的技艺关心的不是技艺之对象的好处,而是从事者的好处。总之挣工资者不关心金钱的良好状况,而关心他自己的良好状况。而且,在一个人从事的两种技艺之间,不存在先已建立的和谐,而在它们的需求之间,则有各种可能存在着冲突。例如,一个医生被提供贿赂以伤害他的病人,他会怎么办?他的两种技艺中每一种都向他提出严厉而矛盾的要求,并且,没有什么显明的原则可帮助选择哪一种应受偏爱。当苏格拉底告诉格劳孔,工资必须总是被付给政治人,[*333*]在作为挣工资者的他们的利益和作为好的统治者的他们的利益之间存在着永恒的冲突时,他使这一点显而易见。苏格拉底曾明白地(explicitly)否认了的个人的公共好处与私人好处之间的张力,因这一对挣工资者之技艺的引进而得到了承认。然而,特拉绪马科斯并未足够迅速地注意到这一点,并利用它。

这种挣工资者的技艺无处不在,它伴随所有的技艺,指引它们的行动。因而,它是一种建筑师式的技艺。苏格拉底论证说,每一种技艺自身都是完全的和完美的,在它之外什么也不需要。但与这一论证相反,一种超级技艺有必要补充所有的技艺。因为所有的技艺一定互相有关,也与整全有关,而它们的对象只是整全的一部分。木匠的、砖匠的和泥水匠的技艺自身都不充分;它们必须为建筑师的技艺所引导。金钱,或者我们可称为经济系统的东西,是一种建筑师式的原则;因为,在通常的城邦中,付给技艺之产品的金钱数量决定了人们从事什么技艺,如何从事它们,以及哪种人从事它们。金钱是穿越所有技艺的公分母;它似乎建立了它们的价值,提供了从事它们的动机。在雅典寻求学生的特拉绪马科斯,肯定是这一系统的一部分。只有当人们想要并乐意掏钱学习修辞术时,特拉绪马科斯的修辞术对他才是有用的。

通过创造一种挣工资的技艺,正如他在与玻勒马科斯的讨论中所做的,苏格拉底指出了对一种可补充其他技艺的主导性技艺的需要。金钱显然是一种不充分的建筑师式或帝王般的原则,而它的不充分适于指示一种真正的建筑师式的技艺必须是什么、必须完成什么。金钱既不能洞悉每一种技艺的本性,也不能评估它们的产品对幸福所作的贡献;为技艺提供的服务所付的价钱,只不过反映了众人或富人无教养的趣味。金钱建构了一个人工系统,它使高贵者从属于低俗者。为了金钱而服务的人,成为他自己所处时空中最权威的声音的奴隶,同时放弃了认识价值的自然等级并根据它而生活的努力。这种人总是在其技艺的要求和市场的需要之间被撕裂。

挣工资者的技艺是哲学的一种政治性替代物。哲学的目的在于理解技艺的本性,在于指挥它们朝向人类幸福的产生,在于教育人类去渴望那些最能促成幸福的东西。哲学可宣称自己统治所有的技艺,因为只有它试图认识整全,真正的整全,反对此时此地的整全观;并且,哲学恢复一个人的生活的统一性。正如要求于各种技艺的,哲学要求对[*334*]其对象的完全献身,同时它给予其从事者丰厚的奖赏,因为它是他的天性的完美化,并使他感到最大的满足。只有在哲学中,对技艺之适当运用的关心和对一个人自己利益的关心才达成一致。相互冲突的需求致使特拉绪马科斯的生活毫无意义,苏格拉底则体现了对这些相互冲突的需求的一种解决之道:他把热爱知识者的满足和热爱得益者的满足联合为一种单一的生活方式。所有其他的生活,本质上都是自我冲突的。在哲人身上,我们可同时发现具有公共精神的统治者和得到满足的人。

苏格拉底的表面(explicit)意图是为了指出,技艺的从事者——从而特拉绪马科斯的统治者——不能关心他们自己的利益,而通过引进挣工资者之技艺,他隐晦地承认了这一关心的必要性和正当性。他仅仅揭示了,人们不能在同一时间一致地既做被特拉绪马科斯定义的严格意义上的统治者,又做他们自己利益的寻求者,同时示意,哲学是技艺或科学与自利之间的冲突的唯一解决之道。正如特拉绪马科斯所见,苏格拉底发疯似的坚持,一个人应该把他的生命完全奉献于他人,不为任何缘由,并对生活的实情保持盲目的漠然。特拉绪马科斯不能捍卫自己的立场,是因为他更早的断言,它们还阻碍他有效地诉诸人们的欲望和对知识的尊敬。特拉绪马科斯对正义的定义——即正义是强者的利益——失败了,只因为他对统治者的定义站不住脚。他把这看作已经卷进苏格拉底的不诚实论证的结果。读者不会对特拉绪马科斯的定义被驳倒感到满意,也不会对下述这一点即这一讨论已证明有充分的理由把自己奉献给共同的好处,感到满意。讨论仅仅适用于提升私人利益和公共利益之间的不相称的意义,并使正义比以往更成问题。

谈话既未遗弃也未试图改善特拉绪马科斯的正义定义,而是奇怪地改变了主题。在尚未确立正义之所是的情况下,苏格拉底转向它好不好这一问题。试图确定我们并不知其品格之物的可欲性,最不寻常。苏格拉底走这步的理由在于,这使在场的其他人感兴趣——他在尽力吸引他们的注意力,而他们相信自己对什么是正义拥有公正的感知。他们特别感兴趣的,不是对正义之本性的哲学研究,而是他们如何更有利或更好地生活。特拉绪马科斯已经告诉他们,他们通过成为僭主、通过漠视法律就能达此目的。苏格拉底似乎不同意。他们想知道特拉绪马科斯的统治者是否[*335*]过上了好生活。特拉绪马科斯声言,在关心别人或遵守法律或献身于共同好处的意义上,成为正义的是有害的。迄今为止,苏格拉底似乎与克法洛斯和玻勒马科斯一起都相信:一个人必须坚持正义,唯一的问题在于更为精确地定义什么是正义。现在,跟随特拉绪马科斯,通过允许正义和正义生活的善(goodness)成为可置疑的,苏格拉底使整个讨论更为激进。虽然正义尚未被定义,但它的一个例子已经出现在讨论中,小组的成员也注意到了这一点。这个例子是托管物。

克法洛斯说,尽管托管物可能是一个可欲的对象,但一个人必须归还它,因为他害怕若不这么做就要遭受神的惩罚。玻勒马科斯说,在决定是否归还它时,在涉及朋友的情况下,一个人不该考虑它对自己是不是可欲,而只该考虑它是否对朋友有利。特拉绪马科斯说,既然诸神不施加惩罚,也不存在共同的好处,一个人就应该占有托管物,并努力尽可能地多得,唯一的考虑就是他自己的利益。将要加入讨论的格劳孔和阿德曼托斯,很好地理解了特拉绪马科斯告诉他们的东西;苏格拉底似乎(*seems*)在说,占有托管物和破坏信义是有害的。正是这一点吸引了格劳孔和阿德曼托斯的关注,苏格拉底使他们急于知道,为何他认为成为僭主是有害的。格劳孔和阿德曼托斯自以为知晓的正义的本性,而正义之善(goodness of justice)的问题,将成为他们探求和发现正义的真正本性的刺激物。

为了反驳特拉绪马科斯的论点,即正义是不利的,苏格拉底做出三个论证。

第一,苏格拉底确定了特拉绪马科斯持有非习俗立场,即不义是一种德性,这意味着,通过不义可以比别人获得更好或更多的东西。依特拉绪马科斯所见,生活是一场竞赛,在斗争中最具天分的人拥有最伟大的德性。在一个复杂难解、似是而非且富有乐趣的推理之链的末端,苏格拉底使不义看起来是一种罪恶,因为它与智慧相反,而智慧是一种德性。智慧之人——再次被苏格拉底理解为一种技艺的拥有者——并不企图胜过其他拥有同一技艺的人。事实上,他们接受相同的种种普遍规则,在根本上是和谐、一致、彼此相像的。数学家都在寻求同一问题的同一结果,而就像数学家,他们之间没有竞争。正义之人在这一点上比不义之人更像智慧之人。因而,正义是德性,而不义是罪恶。

现在,除非正义就是智慧,从而,除非人类行动的目标在不剥夺别人的情况下就能获得,这一论断才使人信服。但这绝非显而易见。[336]论证的结果意在指向一个高贵的人类活动领域——它在本质上不是竞争性的;论证的结果还意在表明,为自己多多获取的欲望是一个与技艺或科学的品格相冲突的目标,后者像法律一样处理的不是个人事务而是普遍事务。但是,这一论证不仅不足以使任何人相信,不做一个强健的竞争者而生活得好是可能的,而且强化了对献身于技艺或智慧之可欲性(desirability)的怀疑。

只是因为特拉绪马科斯没有能力作出适当的区分,也没有能力在各种技艺的类比中看出问题,苏格拉底才在这一讨论中成功了。无疑,根本不可能采取生活仅仅是多多获取这一看法;但在公民社会的品格以及人类生活与财产的不确定性中,特拉绪马科斯的观察有着坚固的基础,而他却没有能力捍卫它。苏格拉底不是反驳他,而是羞辱和惩罚他。在这一论证的结尾,特拉绪马科斯被显示为既不义又不智,他在听众面前自称拥有智慧已不足为信,并且,最糟糕的是,他被显示为一个差劲的修辞家。他似乎不知羞耻,什么都愿意说,而现在他被暴露在他所有的虚荣之前,因为他脸红了。特拉绪马科斯没有真正的心智自由,因为他依恋声名,依恋民众的掌声,从而依恋他们的思想。他只不过表达了常常静默不语的共同意见,因此看起来比大多数人都更聪明。但实际上他是习俗的和狭隘的(conventional and petty),爱掌声胜于爱真理。

苏格拉底提出的第二个支持正义的论证是,正义是必要的。这一论证从一个对正义的更为习俗性的理解开始:正义是服从使一个团体能一致行动的共同规则。苏格拉底证明,获取任何先前为特拉绪马科斯所赞扬的目标,至少需要某种正义。这一点不容否认是正确的,但它并未证明,这些目标不具有吸引力;它仅仅指出了,正义在获取它们时可能是一种令人不快的必需——达到令人渴望之目的的令人厌恶的手段。在此意义上,一个城邦的正义与一伙强盗的正义并无区别。二者都要被迫为了长期的自利而对眼前的个人利益做些牺牲。城邦在本质上并无更为高贵之处。在此,苏格拉底简直像是在指责特拉绪马科斯过于"理想主义"了。特拉绪马科斯认为,强者能完全忽视正义,苏格拉底则教导,一个人若想要比别人获取更多,就必须虑及正义。这是生活中不幸的事实。

第三个论证大意是说,正义之所以被渴望,是因为它是灵魂的健康与完善。在第一个[337]论证过程中,特拉绪马科斯已不知怎的就同意了苏格拉底:正义是德性。但是,如果德性不是使一个事物得以良好地发挥其功效的东西,那什么是德性呢?没有人想要一个生病的身体,或者一匹不能拉载重负的马。因此,作为灵魂的德性,正义自身就是可欲的。除了其他弱点,这一论证纯粹是形式的和空洞的。每个人都希望拥有健康的灵魂。但问题在于,健康的灵魂是由什么构成的。最重要的是,第三个论证所说的正义与第二个论证所说的正义的一致并不明显。为了最终所获而遵守共同体法律的人与使自己灵魂完美化的人,正好是同一人吗?这里不是含有两种并无必然联系的正义定义吗?结果,难道不是当一个人满足这一个定义的各种要求时,却不一定满足另一个定义的各种要求,甚至可能与其相冲突吗?

与特拉绪马科斯进行的没有结论的讨论从而结束了,特拉绪马科斯被撇在一旁。但是,这一对抗实现了两个重要目标。传统的正义定义被化为废墟,显露出对一个崭新开端的需要。而且,正如苏格拉底所令人信服地承认的,尽管他们没有给出正义的定义,而是离题(wandered)了,但他们的离题并非毫无目的——他们没有给出正义的定义,但已成功地定义了正义问题。正义或者是使一个城邦繁荣的东西,或者是一种灵魂的德性,因而对个人的幸福是必要的。

真正的(*The*)问题在于:两种可能性是否一致?亦即,献身于共同好处是否导致灵魂的健康,或者说拥有健康灵魂的人是否献身于共同好处?作为第一卷论证的提炼(distillation),这一问题被留给格劳孔和阿德曼托斯来提出。

# 第二、三、四卷

*357a－367e*

与格劳孔和阿德曼托斯在一起，苏格拉底成了一位老师。我们看到，他在教育那些雅典青年，他曾被指控败坏了他们。《王制》的情节，现在成了对阿里斯托芬的《云》所作指控的正式回应，《云》显示的是苏格拉底离开了现场，并允许不义的言辞战胜正义的言辞。在这里，苏格拉底成了正义的捍卫者；确实，整部《王制》表现了正义言辞的胜利。两个青年，柏拉图（Plato）的兄弟们，把一种新要素引进了对话。（对苏格拉底与格劳孔之间关系的另一说明，参看色诺芬（Xenophon）《回忆苏格拉底》（*Memorabilia*）第三卷第六章。）他们是雅典潜在的政治家，他们的目标超越了感官与金钱的视野，这一视野限制了第一卷中的对话者们。他们是荣誉的热爱者，[*338*]荣誉把高贵赋予他们的灵魂，使他们摆脱了致使特拉绪马科斯的利益观如此粗鲁和狭隘的目标，并赋予他们苏格拉底式教育的升华性经验所需要的精神实质。

他们曾经常常听到修辞家和智术师的论辩，据格劳孔所言，所有那些论辩都提出了特拉绪马科斯的论题。这一教导是把人们所知的前苏格拉底（pre－Socratic）哲学应用于政治。研究自然的结果致使早期哲人相信，根本没有什么对正义的宇宙论支持，而诸神，即便他们存在，也对人毫不关心。因此，正义只不过是人类的习俗，从而是那些希望按照自然生活的人毋庸关心之事。这倒并不必然导致一个人必定渴望成为僭主这一后果,因为,他还可能关心不能通过政治生活来获得的事物,比如哲学。但是,一般而言,大多数人的确关心政治生活或最能通过它来获得的事物。智术师和修辞家从哲人关于自然的知识中抽出了政治的重要性。他们教导说,对政治的适当研究不是法律或正义——法律或正义不过是幻影(phantasms),而是修辞术,即达至个人目标(one's way)的手段。从而,在最佳情况下,研究自然明显导致对城邦及其法律漠不关心;在最坏情况下,它导致僭政。这就是雅典民众(*demos*)曾怀疑过的,而它很可能正是实情。献身于正义还是不义,不只是一个有关正派或败坏的问题,更是一个有关事物之真理的问题。如果特拉绪马科斯教导的是真理,自我防卫的城邦必须压制这个真理。

或许可以回想起,苏格拉底曾被指控是一个此种对城邦如此有害的前苏格拉底哲学的提倡者和一个修辞术教师。《王制》为苏格拉底免于这一指控而辩护:他在这里被显示为反对修辞家的正义保卫者。当然,他不仅仅为城邦之祖传法律的正义辩护;他的辩护是对一种哲学挑战的哲学回应,因而,这一辩护同样对祖传事物具有颠覆性。这一回应不能仅仅是对践行正义的劝告;它还必须努力发现对正义的自然支持。因此,对正义的研究导向对自然的研究,正义之品格取决于作为一个整全的自然之品格。以讨论正义为开端的《王制》,从而一定是一部全面的书。因为被迫为正义辩护,苏格拉底被迫进入被禁止的领域,并详述新奇的隐喻(conceits)。单纯(innocence)一旦失去就不可复得;替代物乃是在最充分的意义上进行哲学探讨。

[*339*]尽管苏格拉底没被描述为一个修辞术的从事者,他对格劳孔和阿德曼托斯的吸引力仍是源于一种修辞术,这一修辞术成功

地使精熟的修辞家特拉绪马科斯沉默了下来,尽管后者并未被真正驳倒。苏格拉底从一开始就以这种方式控制了讨论,以便在用最激进的形式提出正义问题时吸引他们参与其中。与特拉绪马科斯的对抗在某种意义上是为了使格劳孔受益。格劳孔难以自制地插话对苏格拉底的主张——惩罚对统治者而言是一种报酬形式——表达他的惊奇,由此可见,苏格拉底成功地困惑和吸引了他。出于各自不同的原因,苏格拉底和特拉绪马科斯都对这两个年纪轻轻、适于教育和雄心勃勃的人感兴趣。身处最优秀的青年之列,格劳孔和阿德曼托斯都被在最荣耀的追求中胜出强烈地吸引着,在这些追求中,他们可以最大限度地同时有益于别人和自己。也就是说,他们都被政治所吸引。而特拉绪马科斯提供给他们达至成功的手段,既通过他能够提供的说服工具,又通过他的教导所立基的对政治生活之本性的自由(liberating)洞察。实质上,特拉绪马科斯告诉他们,在对荣耀的追求中,他们不必为关于正义的考虑所羁绊。这是一个有魅力的教导,因为它把事物简单化,并为他们屈服于政治生活总在展示的那些诱惑、通常为法律和羞耻感的命令所抵制的那些诱惑,提供了一个理由充分的根据。格劳孔和阿德曼托斯准备好成为特拉绪马科斯的学生,因为理性和激情联合起来支持特拉绪马科斯。但是,苏格拉底将证明他才是一个更优越的演说者。以某种方式,苏格拉底表现的东西更为强大;苏格拉底通过显示他的修辞术更强大,并通过诉诸格劳孔和阿德曼托斯的高贵和对正义的热爱,来引起他们的好奇心。苏格拉底的自相矛盾的论证触动了他们内心的某些东西。这就是教育的开端,它将引导他们大为远离他们已知的一切,但其终点不可避免地乃是从他们最初的关心导出的。在可能转向特拉绪马科斯之前,格劳孔和阿德曼托斯必须战胜苏格拉底。

勇敢而有男子气的格劳孔已经看出,苏格拉底至多只是指出了正义的必要性而非它的可欲性。比特拉绪马科斯更为得体,他承认正义之名声的权力。因而,他自己并未赞扬不义,而是以别人之口为它提出论证。格劳孔表现出的动机是想要看到正义得到辩护。当然,他没必要像特拉绪马科斯一样兜售关于正义的教导。对不义的公开教导和对正义的宣称的公共必要性(the public necessity for the profession of justice)之间的矛盾,根植于特拉绪马科斯的处境中,而格劳孔的[340]处境却没有让他陷入上述矛盾。他从特拉绪马科斯的挫败中吸取教训;在隐藏了一己怀疑的同时,他仍然能够满足自己对正义之善(goodness)的好奇心。他呈现其论说的方式,正是一种伪善地使用对正义的公共表白的典型。

格劳孔问道,正义是按照自然就是好的(good),还是仅仅按照法律或习俗才是好的,从而,格劳孔成为对话中第一个把自然作为其标准的参与者。他是一个勇敢的人,其未被关于好的共同意见所蒙蔽的欲望,给了他某种为特拉绪马科斯所缺乏的智识力量。特拉绪马科斯或许太过于关心和依赖人们通常认为是好的东西,以至于不能找到一个独立于公民社会的标准,而这一标准可能使他脱离公民社会。同时,他也如此确信技艺——特别是他自己的技艺——拥有使人为所欲为的力量,以致他从未被迫去寻找不能被技艺改变的永恒的界限与目的。无论如何,正是格劳孔通过详述——尽管以别人的名义——一个关于自然的教导抓住了根本,这一教导否认人的本性在本质上是政治的。为其祖传法律和神话所束缚的城邦,跟特拉绪马科斯一样,不提自然问题;事实上,城邦禁止人们提出问题。城邦希望赋予此时此地的偶然事件与万事万物的不变原则以同样的地位。城邦把某种自然与习俗的混合物展现为它的公民必须在其中生活与行动的范围。宇宙现象被城邦解释为支持其法律的同一神圣意志的表达;天空的运行方式与城邦的运行方式在城邦看来是相同的。哲学或科学的最初努力,是要通过不受权威妨碍的研究手段挑选出我们经验中的各种要素,以发现闪电、天食(eclipses)等的真正原因。哲学或科学必须把自己从受尊敬的意见中解放出来,必须意识到天上可见的现象之中存在理性可理解的各种原理;换言之,自然必定会被发现与城邦的意志相违。这一研究的后果,乃是要否认城邦的自然性(naturalness),否认击中人的闪电与正义有关,否认天食是来自神的征兆。以此观之,正义仅仅是属人的,并且【对正义的违背】只有在被人看见时才会受惩罚。格劳孔在他的言辞中设定了这一哲学背景,并得出结论:如果一个人对人类而言不可见,那么他在追求好处的过程中就没有理由坚持正义。令我们回想到特拉绪马科斯的牧人,格劳孔讲述了牧人古格斯(Gyges)的故事。戴上可使他隐身的戒指,古格斯废黜了他的主人,享用他主人的[341]群畜,包括动物和人。通过使用特拉绪马科斯的修辞术,人们可使他们的行为改变表象,这相当于使其不可见。一个人或应对城邦漠不关心,或应为了自己的目的而利用它,但他永远无须把它本身当回事儿。格劳孔以问题最极端的形式挑战了苏格拉底。他真诚地希望确信正义是最好的,但他不想被愚弄。他必须认知;因为首先他寻求对他自己好的东西,不愿被有启蒙意味的(edifying)布道所欺骗,这种布道将使他错过对其欲望对象的享受。格劳孔提出了对前苏格拉底自然哲学的政治补充:城邦限制人对好东西的追求,但城邦这么做的唯一正当理由在于自我保存的需要。

据格劳孔所言,正义的品格可在它的起源处发现;按照他的观点,一个东西的本性,是要通过它的起源,亦即通过它的开端而非它的终结来理解。自然指令一个人去追求自己的好东西,但由于好东西的匮乏,这一追求必须在损害别人的情况下实行。从别人那里夺去属于他们的东西有利(good),让别人夺走属于自己的东西则有害(bad);但后者之害超过了前者之利。对那些若不同时被剥夺就不能成功获取的人来说,最好是妥协,放弃一方并获得对另一方的豁免。然而,这一妥协构建的不过是一个人为的建筑,一份契约。它没有战胜自然,自然仍旧驱迫人去获取他想要的,并置契约于不顾;它仅仅认可了如此之举的不审慎(imprudence)。既然城邦的正义不使人好或幸福,拥有强力和诡计之技艺的能人就可以而且有充分理由应该继续遵循自然的指令。换言之,优越的人不为契约所束缚,因为他们不能从中获得任何利益。以此观之,正义是守法践约以避免伤害别人的简单而朴素的意志,不管这意味着遵守为此目的而制定的法律,还是指公平地矫正法律以实现其意图。那么,坚持正义便不再意味着任何特殊的知识或能力;它仅仅是一个与我们的欲望格格不入的艰难任务的施行。特拉绪马科斯说过,法律是为强者的利益而制定的,"强者"意指任何碰巧掌握权力的党派。格劳孔含蓄地指控特拉绪马科斯持有一种习俗的强者观。有一种自然的强者,对格劳孔而言,遵守法律将服务于在习俗或政治上说是强者而从自然来看却是弱者的利益。但是,从任何一个立场来看,遵守法律的人都是一个单纯的人,而格劳孔采用了[*342*]特拉绪马科斯关于正义之人的观念,即他是别人利益的简朴而真诚的服务者。并且,格劳孔要求苏格拉底为之辩护的,正是对正义的这种理解。苏格拉底必须展示,一个因人们认为其不义而被鞭打、拷问与囚锁,并被烧坏眼睛的人,只要拥有正义,他就会享有神圣的幸福;而审慎、勇敢、娴熟地服务于自己利益的人是悲惨的,因为他缺少正义。苏格拉底被要求证明,无私的奉献为自然所奖赏,正义是最为必要之物。

在格劳孔完成了他对正义之本性的说明并要求为之辩护后,他的兄弟进入现场来陈述其问题。尽管两篇演说看起来是互补的,但它们实际上非常不同,向苏格拉底提出了互相冲突的任务。格劳孔勇敢,阿德曼托斯则节制;格劳孔转向自然,阿德曼托斯则转向意见;格劳孔注意他所看到的,阿德曼托斯则注意他所听到的。阿德曼托斯特别沉溺于诗歌。他没有为不义的优越性作出论证,而是被他听到的有关正义的东西所困惑。尽管正义受赞扬,但它并非为其自身而是为其所获报酬而受赞扬,那些报酬在于可为不义之人所享受的种种快乐。不是正义而是正义的名声获得了这些报酬。古典诗歌中包含的对诸神和人的叙说,印证了这一论断。根据这些诗歌,有些正义之人是不幸福的,而不义之人却能赢得诸神的恩宠。我们所知道的一切有关人的义务的东西,都来自诗歌传统、法律和父母的培养;所有这些实质上都同意:正义自身不能产生幸福;存在正义的替代物;正义的行为既不令人快乐,又不好。质疑传统或许不适当;但是,一旦被质疑了,它内在的矛盾就导向与特拉绪马科斯和格劳孔同样的结论。要么故事(tales)都是真的,一个人应该看上去是(seem)而非确实是(be)正义的;要么它们不是真的,在这种情况下,自然——它们的唯一替代物——教导同样的事情。我们生活在一种由诗人们建构的视野中,一种为诸神的存在(presence)所限制的视野中。克法洛斯把他的老年岁月花在了用他的金钱平息诸神可能因其早年不义行为而产生的愤怒上,他最能代表这一人类处境。再没有对认可正义的其他实用考虑了,而这一考虑并不足以使正义值得选择。

因此,阿德曼托斯也希望听到一种对正义的崭新而充分的赞美,但他所要求的与他兄弟所要求的不同。正如后者渴望一种对纯粹而真挚的献身的论证,[*343*]阿德曼托斯现在通过坚持正义是轻松愉快的而暴露了他最深切的愿望。正义自身应该混合有习俗所谓的由其实践所产生的利益。诗人允诺给正义之人在今生来世都享有伟大的荣誉和感官的快乐。虽然并未使其完全显明,阿德曼托斯实际上渴望正义自身像是或就是这些荣誉与快乐的一个充分替代物。正义总被说成是艰难的,并且有些途径可以规避(get around)它的必要性。倘若正义如此令人不快,人为何坚持正义?正如阿德曼托斯所言,在这些情况下,只有当一个人的神圣天性使他厌恶不义,或者当一个人拥有知识,这个人才会抵制行不义之事的机会。为了取信于格劳孔和阿德曼托斯,苏格拉底必须表明,正义甚至使为了它而失去一切的人感到满足,并且,他的幸福类似于沉浸在感官快乐中的人的感受。

在格劳孔和阿德曼托斯的不义论证的结论处,苏格拉底宣称,他没有能力完成强加于他的崇高任务。但他承认,虔敬禁止他把正义遗弃在对它的攻击中。在整个小组的压力之下,他同意为正义辩护。然而,他并不直接回应他的年轻同伴的问题。他没有批评他们的论证或提出他自己的一个相反论证,而是邀请他们与他分享一次冒险。他们要一起参与最伟大、最具启发性的政治行动:创建城邦。由此,苏格拉底激起他们对荣耀的欲望;尽管他们对打动别的发言者的种种欲望并非漠不关心,但他们,特别是格劳孔,却被一股不同的激情所鼓舞:他们如此热爱的不是金钱,而是荣誉。特拉绪马科斯已经向他们提供了僭政,城邦中的最高位置。苏格拉底则用更为崇高的梦想刺激(inflames)了他们的想象力。城邦的创建者比它的僭主更为强大、更受崇敬。所有后来的世代都尊敬他们;他们没有任何附在僭主身上的恶名。苏格拉底胜过了特拉绪马科斯,提供了更具吸引力的思考素材。特拉绪马科斯,凭借他在修辞术上的训练,也提供了达至他所提目标的手段,而苏格拉底却没有相应于后者的替代物。但正是所提目标的吸引力,致使他们忽视了它的不切实际。苏格拉底成功地赢得了他们,是因为他一开始就给予他们至少是他们想要的东西的一部分。苏格拉底把格劳孔和阿德曼托斯带到了政治的限度(limits)上,正是在限度上,一个人才能同时看到政治的本性与问题。我们已经得知,正义是一个政治问题:是否存在这样一种政制,其法律在服务于共同好处的同时还允许每个成员达到他的自然完美(natural perfection)?如果不存在,生活[*344*]将在对城邦的义务和对一个人自己的义务之间被永恒地撕裂。一旦假扮自己是创建者,格劳孔和阿德曼托斯立刻发现,他们必须关心正义。至少在这一情况下,其欲望的满足和对正义的关心相一致。

苏格拉底,至少即刻就接受了格劳孔的观点,即事物可通过其起源来理解。他们将要看着正义化为现实,以便检视格劳孔的说法是否正确。一开始在城邦中寻找正义的决定,以及城邦中的正义和个人身上的正义之间的最终区别,始终把如下问题置于我们面前:使一个城邦健康的正义是否与使一个人健康的正义相同?这一问题的答案决定着另一问题的答案:一个人把自己奉献给城邦是否有利?我们首先必须发觉一个健康的城邦是什么和一个健康的灵魂是什么。正是对这样一个城邦和这样一个灵魂的意识(the very coming to awareness),改变和教育了这些年轻人。

*369b – 372e*

第一个城邦是由苏格拉底和阿德曼托斯建构而成,没有格劳孔的帮助。因而,它反映了阿德曼托斯的旨趣。它是一个轻松安逸的地方:没有匮乏,并且正义照料它自身。人们之所以聚在一起,是因为他们不完善(incomplete),是因为他们不能自给自足。他们的意图,不在于比别人拥有更多的东西,而在于为自己拥有充足的东西。

只要没有匮乏，他们就会相安无事(peaceful)，而与自然相结合的技艺，将生产足够的东西来满足他们。每个人都根据他的自然能力而选择一门技艺，以致生活中没有什么与居民的欲望或天分格格不入。每个人都根据他的能力作贡献，根据他的需要来索取。在这样一个城邦，自私的利益与共同的好处之间有一种直接的一致。因而，人们没有被统治的必要。这一城邦实际上是在与特拉绪马科斯的讨论中构想过的完美的工匠共同体，因为每个人都全心全意地献身于他自己的技艺，而他自己的利益则来源于这种献身。金钱的发明使之成为可能。在这个城邦中，它自身并不具有价值，它自身也不作为一个目的被追求。这种发展将是被激发的欲望之结果。在这里，金钱仅仅为了使交换便利，以致每个工匠，因为从事他自己的技艺，都将有权使用其他技艺的产品。这里没有单独的挣工资者的技艺，因为每种技艺自身都产生金钱的等效物；除了由代表肉体需要的金钱所提供的原则外，不再需要其他的组织原则。它推动各种技艺和[345]各种工匠运转起来，以满足那些需要。这是一个把肉体需要当作唯一真实需要的城邦；它所要调动的任何灵魂与智识的努力，全都被导向肉体的保存与舒适。

通过这一城邦的例子，苏格拉底——与格劳孔相反——暗示了，肉体欲望很简单，很容易就可满足。在这一点上，他跟反对霍布斯(Hobbes)的卢梭(Rousseau)并无不同。更为复杂的欲望，亦即导致格劳孔谈及的不义的那些欲望，是肉体欲望和灵魂欲望混合的结果。虽然引进这些与灵魂相关的欲望会败坏第一个城邦，但苏格拉底比卢梭带着更多赞同看待它们，因为它们第一次表现出对于比肉体的自然完美更高的自然完美(natural perfection)的渴望；他承认，格劳孔的不满是对这个城邦的合法异议。格劳孔是一个有强烈欲望的人，而他的勇敢则服务于那些欲望。用苏格拉底的语言来说，格劳孔是一个有爱欲的人，一个渴望把所有看起来美和好的事物都据为己有的人。他倾向一种他至今没有意识到的满足，而他的欲望就是对这一倾向的初始表达。格劳孔的自然观实际上是一个习俗的观点，不懂肉体与灵魂之间的区别，以及二者独特而相异的需要。一个自然人，对格劳孔而言，与习俗社会中的人追求同样的目标，但却免于那些社会总是强加给其成员的种种限制。格劳孔把统治仅仅当作一种获取某些事物的手段，大多数人相信这些事物是好的，并且它们都服务于肉体的欲望。事实上，格劳孔的统治欲表达了一种独立不羁的高贵冲动，倘若被充分发展，它将只有在沉思中才会得到满足，并且它将希望克服肉体的欲望，以享有它自己不受扰乱的特殊快乐。格劳孔充满激情的天性，已经被关于什么是好的共同意见以及他所听到过的唯物主义哲学所抑制了。因而，格劳孔是一个危险之人，但也是一个不同寻常的有趣且可教之人。他的欲望引导他鄙视法律和习俗；只要他无限的欲望把他在演说中列出的可欲事物当作其对象，他就会渴望僭政。不过，也正是摆脱法律和习俗的自由，与他的激情相结合，使他能够攀上属人的巅峰。与所有对苏格拉底而言极具吸引力的年轻人的情形一样，格劳孔拥有一股向善或向恶的潜能。他的同伴克里提阿（Critias）和阿尔喀比亚德（Alcibiades），二者都是雅典民主政制的颠覆者，其行为致使苏格拉底被怀疑为一个败坏青年的人。克里提阿和阿尔喀比亚德已经［*346*］获得解放，却尚未受过教育。正因格劳孔，我们才有机会了解苏格拉底如何施教以及【如何】影响青年。他从事一种危险但却充满希望（promise）的活动。

阿德曼托斯比格劳孔节制得多，他被当成他兄弟教育的一部分。他所代表的东西对正义城邦的创建以及哲学生活都是必要的，二者都是节制与勇敢或男子气的明智（judicious）混合物。一个城邦,如果它要被良好地统治,就需要其公民的欲望不过于强大,并被良好地控制;它还必须拥有一些愿意冒着生命的危险保卫它的人。一个哲人的肉体需要必须保持在最低限度,而他的灵魂则必须是勇敢的。这些是节制与勇敢以及它们在城邦和哲人中所起作用的最简单含义。格劳孔,由于他充满男子气的不妥协,在两个对话者中作出了最重要的贡献;他为谈话赋予力量与高度。格劳孔难以忍受他的兄弟对他所谓的猪的城邦感到满意,并促使一个新的、奢侈的城邦建立起来。但是,阿德曼托斯净化了这一奢侈的城邦,并使其实现更好的潜能得以可能。

第一个城邦明显不可能。它依赖于一种对自然的神意性慷慨(providential generosity)以及一只协调私人利益与公共利益的"看不见的手"的虚幻信念,一种阿德曼托斯愿意赞成的信念。这一城邦也不可欲,这将很快变得清楚起来。苏格拉底称其为真正的城邦(true city),这一事实并不意味着他认为它可以化为现实或者他希望它化为现实。毋宁说,苏格拉底通过这一主张暗示,城邦实际上为服务于肉体而存在,并且,这一城邦因为专注于最简单欲望的满足,可以最好地为肉体服务。其他形式欲望的出现使城邦变得复杂,并给城邦带来不幸。但是,这一腐败是更完美的人类的成长条件。或许,苏格拉底主张它是真正的城邦与格劳孔把它描画为一个猪的城邦,二者并不矛盾,而是一致的。

格劳孔拒绝第一个城邦,是因为它不投合他的品味:他不喜欢食物。一旦看到食物,①他的男子气总是引领他对其进行直接攻击。他已被许诺了一顿似乎已被无限延迟的晚餐。一提到吃,他就以一个拥有精致味觉的饥饿之人的眼光检视菜单,并想象他愿意如

① [译注]原文为 good,应为 food 之误。

何满足他的食欲。他发现,最简单的城邦不能满足他的美食标准;在其中,食物只是滋养品(nourishment),只为了保持人活着和健康。仅仅为了活着或健康是猪的作风。[*347*]人类需要比生命更多的东西;他们需要非必需的雅致与快乐。欲望促使格劳孔增加(sharpen)对城邦的需求。他可能认为他的饥饿只是肉体的饥饿,但它却是一种精神的饥饿,它将促使他超越这一城邦,并带领他朝向另一种满足。格劳孔在苦行(austerity)中获取了一种勉强的教训,这将帮助他升华他的饥饿。他的愿望总是矛盾的,因为他总是错把他所有的伟大渴望当作肉体欲望,但依此理解却不能使它们得到满足。格劳孔的第一篇长篇演说是这一趋向的另一例证:在主张完美的自我放纵的自然性(naturalness)同时,他还坚持一种正义观念,而它是自我放纵的直接对立面。无论采取何种立场,格劳孔都是一个“理想主义者”。他既赞慕完全自我放纵的人,又赞慕完全禁欲的人;为了使自己满意,他不得不发掘一种把极大的爱欲和极大的节制结合起来的生活方式。这显然不可能,但就在他眼前,竟有一个人成功地实现了这种对立双方的结合;并且,格劳孔只需如其所是地(for what he is)认可他,以解决自己面临的有关最佳生活方式的两难困境。苏格拉底,根据他自己的叙述,是一个有爱欲的人,然而他的爱欲并没有带领他——如克法洛斯所为——去伤害别人或夺去属于别人的东西。为了满足自己的爱欲,苏格拉底不需要在损害别人的情况下跟他们竞争。苏格拉底没有财富,没有荣誉;事实上,他被轻视,并被认为是不义的。然而他是幸福的。最终,苏格拉底正是因为他的正义而被判死刑,但这并没导致他对自己选择的生活方式感到后悔。苏格拉底满足了格劳孔为正义之人设置的苛刻条件,却仍生活在极大的快乐之中。他在没有种种庸常快乐的情况下生活,不是因为他是一个禁欲主义者,而是因为他在哲学上获得的强烈愉悦使他对那些庸常快乐无所挂怀。一旦格劳孔能够看到这样一种生活方式的可能性,他对僭政的欲望将被治愈;格劳孔已经以某种方式预言了这种生活方式在苏格拉底身上存在。固然,格劳孔还没有意识到他自己的欲望或一般而言的欲望的本性,但在对简单城邦的厌恶方面,他和苏格拉底实际上是同盟者。在简单的城邦中,格劳孔找不到任何满足;那里也不会住有任何苏格拉底,既因为它不够先进,从而不能给他提供哲学理解的基础,又因为如此一个懒散成性、不事生产的人将会饿死。或许二人的反对最终相同:这个城邦中体现的对政治问题的解决之道,不是一种属人的解决之道。一种属人的解决之道需要欲望的解放,因为只有这样,德性才能产生。人性需要一种自我克服;这不是因为生活[*348*]在本质上是斗争,而是因为人的双重性(dual nature)就是如此,以致倘若肉体不被诱惑,从而,倘若没有一种灵魂对肉体的僭政,灵魂的好(goods)就不能得到揭示。

*372e - 376c*

苏格拉底同意和格劳孔一起探讨一个发烧的城邦,这个城邦与他们刚刚正在探讨的健康的城邦相反。有人会认为,他们这么做只是把它当作一种病理学研究,并且总是把健康的模型保持在他们眼前。实际上,健康的城邦被遗忘了,好城邦乃是经由改革发烧的城邦而非回返健康的城邦而建立起来的。他们甚至从未认真尝试过在健康的城邦中寻找正义。由格劳孔的欲望建立的新城邦,以一项不义之举为开端。既然奢侈引起匮乏,就必须从别人那里夺取土地。并非每个人都能拥有一座足以支持令人满意的生活的城邦。因而,严格意义上的城邦形成了,也就是说,拥有敌人并必须发动战争且成为战士的兄弟团形成了。这一表述似乎是说,战争对人性的显露来说必不可少;正如猪的城邦是温和的,反映了一种人与人之间根本的和谐,战士的城邦则是严酷的,反映了人与人之间根本的冲突。悖谬的是,这是第一个属人的城邦。这个城邦不能声称它不伤害别人;它的正当理由只能存在于它为其公民提供的生活质量中。

现在出现了一个献身于战争技艺的新阶层,他们的灵魂中出现了一个新原则:血气(spiritedness)。战士必须是喜好战斗的人,能够愤怒的人,冲锋陷阵去保卫其城邦及正义的人。血气是一个难以理解的动机,其品格只有通过与欲望的对比才能显现。欲望指向需要的满足:它们表达一种不完全,并渴望完全。饥饿、口渴、性欲,等等,都直接与一个目标相关,它们的意思简单直白。血气的目标则更难辨认。它最简单的表现是愤怒,但愤怒满足了什么需要却并非一目了然。血气似乎更多地被它克服欲望这一事实而非它自己的任何积极目标所塑造。而且,这些与肉体有关的欲望——它们是至今出现过的唯一欲望——皆有一种自我保存的功能,然而与之相对,血气被一种对生命的漠不关心所塑造。血气或许确实有助于生命的保存,但它同样也会把荣誉置于生命之上。城邦或许为了生命而存在,但它需要愿意为它效死之人。

乍一看,战士好像只是另一种技艺的从事者,它被并列于做鞋和种地的技艺一旁,但他们实际上是第一统治阶层,并把[*349*]等级制的第一原则引入城邦。相似的,血气初看起来似乎只是灵魂的另一种品质,如同使人成为一名农夫或铁匠的品质一样,但它实际上代表了灵魂的一个新的部分,一个将要统治欲望并在灵魂中建立等级制原则的部分。第一个城邦中出现的种种技艺,不论在技能或产品上如何不同,全都服务于肉体的满足,从事它们都是为了金钱。

它们在根本上一模一样；它们的从事者都一起被囊括在将被称作工薪阶层的人群中；尽管其成员彼此之间在活动和智力上有诸多差异，但从具有决定意义的观点来看，他们都是一样的——仅仅活命就是他们的目标。他们不代表原则的任何基本的多样性。然而，战士的技艺则实在不同，它的服务不能用金钱来衡量，因为金钱只是用来评价为了满足欲望和保存生命所作贡献的标准。血气超出于经济系统之外。现代经济科学的创建者们，想要它成为一门普遍的政治科学之人，只有通过否认血气的存在或把它理解为仅仅是自我保存的手段才可以做到这一点。只有追求自我保存和肉体欲望之满足的人，才能被指望按照经济学的"理性"原则来行动。

现在城邦中有两个阶层了，它们之间的区别是一个纯粹自然的区别：一个阶层被肉体欲望所推动，另一个阶层则被血气所推动。前者可被指望去追求我们所谓的经济目标，后者则使自己从对仅仅活命的单一关注中解放出来。但是，这一阶层的目的至今不明。似乎服务于某种东西植根于血气的本性之中，正如服务于某种东西植根于士兵的本性之中一样。血气和体现血气的阶层，自身都不会是目的；它们的目的来自它们自身之外。这一阶层可被理解为工薪阶层的服务者，但这将意味着，高等的阶层为低等的阶层而存在。要理解灵魂和城邦中这一要素的尊严，需要发现第三个、最高的阶层，血气为它服务，它的目的像工薪阶层的目的一样清楚。这一对第三阶层的需要，在把战士描述为保卫羊群的高贵之狗中得到了暗示。牧羊犬需要牧人。由此，战士阶层将成为最高和最低阶层之间的链环，从它为更高阶层提供的服务中获得它的意义。城邦与灵魂的对应，也将适用于这一情况。无论可能如何，城邦需要保卫者，也需要统治者，因为若没有控制，它发烧的欲望就会使人们不可能生活在一起。

不可避免的是，有血气的战士将在这个城邦中统治，因为他们是强大的。在每个公民社会中，都有一个团体拥有[*350*]最大的力量，它能够并总是在对其有利的条件下制定法律。无论这个阶层的品格如何，城邦的生活方式都将由它来决定。这就是当特拉绪马科斯说正义是强者的利益时所意指的东西。这一阶层的成员，并非必然拥有智慧或德性的任何其他要素。如果苏格拉底和他的同伴希望不必与纯粹的权力妥协就建立一个好政制，他们就必须控制和培养这一至关紧要的阶层。他们不必让自己专注于工薪阶层，因为这一阶层将不能抵制战士的命令。控制战士的工具是教育，因而，从此以后，教育成了《王制》的中心主题。城邦的生活方式取决于统治者的品格，从而取决于统治者的教育。

为了保护城邦免受敌人侵犯，苏格拉底和格劳孔已经建立这一有血气的战士阶层，但他们很快便意识到其品格颇成问题。有什么可以防止这些对外国人如此残暴之人对他们的公民伙伴也同样残暴呢？尽管他们应该守卫羊群，但他们也可能以其自肥。他们天性中的什么东西将确保他们温和地对待受其看护的对象呢？温和与粗暴看起来非常像是对立的特征，从而，好的护卫者似乎不可能。但经过进一步考虑，苏格拉底认识到，被他们拿来与护卫者相比的动物的确混合了温和与粗暴：狗对其认识之人温和，对其不认识之人粗暴。苏格拉底极为令人惊奇地得出结论：如果除了有血气，其天性还是哲学的，那么好的护卫者就可能。他说，通过知识和无知的标准来判别朋友与敌人是哲学的方式，因而哲学是温和的原则。在一部因提议哲人为王而著名的书中，这里是对哲学或哲人的第一次提及。哲学在城邦中被求助，目的只在于解决一个政治问题。

把像狗那样对熟人的情感与哲学等同起来，当然不是严肃的。它只用于为第五卷中哲学的真正出现开辟道路，以及加强哲人与战士之间的区别。哲人是温和的人,因为他们追求知识而非获利;他们的目标不需要损害别人。对这个城邦的统治者而言,对知识的热爱是一种必要的动机,以便调和他们对胜利与财富的热爱。但是,哲人是狗的对立面,因为哲人总是寻求认识他们不知道的东西,而狗必须使自己与未知事物断绝关系,并对外来的吸引怀有敌意。狗热爱它们自己的东西,而非[*351*]好的东西。而且必须如此,否则它们将不能在它们的羊群与那些可能攻击羊群的敌人之间作出必要的区分。战士原则是帮助朋友和伤害敌人。诚然,对已知事物的热爱,使他们的情感超越自身而延伸至城邦;它带有哲学的普遍化或世界主义的效果。但是,这种爱在城邦的边界处终结。战士仍是非理性的野兽,既喜欢那些友善对待他们的人,又喜欢那些粗暴对待他们的人。这一事实未被提及:就其特性而言,狗喜欢的并非羊群,而是羊群所属的、教导并命令它们关照羊群的主人。这些狗至今还没有主人,因而是不完全的。狗将知道从而将热爱的主人,是哲人和认知者。狗的天性使狗向哲学的指令敞开,但并不使狗成为哲人。

*376c–383c*

在苏格拉底和格劳孔确立了一种战士必须具备的把血气与温和相结合的天性之后,阿德曼托斯取代了他的兄弟在讨论中的位置,并与苏格拉底开始了对这一天性的培育。基于对战士之功能的描述,人们原本期望他们的教育会是携带武器的技艺——但这根本未被提及。整个讨论关涉他们灵魂的品格,主要处理的是音乐的影响。音乐(music)是缪斯(the Muses)管辖的可爱领域,人们处在和平状态时会让自己的激情陶醉于其中。苏格拉底专注于诗歌的内容,从而暗示了,诗的其他要素只是为了更好地传达一个主题或一种教导而使用的辅助物。诗人被最为严肃地看作视野(horizon)的制造者,而这一视野建构了人的欲望和渴望的界限;诗人构造(form)了各种不同种类的人,这些人使民族(nations)多种多样。人们关于最高存在的观点和他们对英雄的选择,对他们生活的格调具有决定意义。一个信仰奥林匹斯诸神(the Olympian gods)的人非常不同于一个信仰《圣经》之神(the Biblical God)的人,正如赞慕阿基琉斯(Achilles)的人不同于赞慕摩西(Moses)或耶稣(Jesus)的人。不同的人在世界上看见非常不同的东西,尽管他们可能分享了一个共同的人的天性,但他们发展了这一天性的非常不同的方面;他们看起来几乎不属于同一种类,关于生活中什么是重要的他们很少达成一致。城邦中的一切,都源于那些掌握权力并在其中受尊重之人的信念。如果诗如此强大,它的品格一定是立法者的一项首要关怀。

诗的改革最直接地指向阿德曼托斯,以及他在赞同不义的演说中从诗获得的教导。在“改革了的”诗歌的基础上,阿德曼托斯本不会[352]得出他的结论。诸神既没有把坏运给予好人,也没有把好运给予坏人,诸神也不能为祈祷者所打动。只有正义的人和正义的行为才受到赞扬。在诗歌的宇宙中,没什么会让人认为不义有利于人或诸神。

对诗的批评,是根据它的描绘对人们的信念,特别是他们关于诸神、勇敢和节制的信念产生的最重要影响来划分的。苏格拉底说,这里还不能探讨正义,因为他们尚未决定正义是好是坏,而这一问题对这样一个讨论具有根本意义。关于诸神的信念以及对它们的诗歌描述,是苏格拉底和阿德曼托斯承担的第一个话题。勇敢、节制和正义——被《王制》定义的四枢德(four cardinal virtues)中的三个——每一个都在对诗进行批评的情况下被提及,但第四个——智慧——却没有。似乎有必要推断,战士并不智慧,关于诸神的信念是他们对智慧的替代物。关于诸神的信念是关于整全的知识的一个非哲学等效物。因此,诗的研究的第一部分构成了一种神学,一种虽不真实但却有益的神学。它的教义是简单的:诸神是好的;它们是好的原因(the cause of the good);它们不行骗。关于诸神与人的关系之本性或诸神究竟是否关心人,什么也没说。相似地,没有什么确保这些神就是奥林匹斯诸神,或它们与阿德曼托斯所理解的诸神有任何共同之处。以此观之,克法洛斯建立在向诸神请求宽恕之基础上的虔敬,当然变得非常成问题。向这些神祈祷合理(sensible)与否,甚至也并非清晰可见。

更密切地注视一下苏格拉底为描绘诸神作出的规定会显示出,按照他的观点,诸神并非都强大,他们从属于理性的原则。诸神必须是好的,只能促成好;这里暗示的更深层教导是,好是宇宙(*cosmos*)最高级、最强大的原则。与诗人表达的关于最初事物的早期观点相反,混沌不是万物的起源;宇宙(universe)在根本上是一个秩序(*cosmos*),而非一个对立和不一致要素的战场,如同诗人在他们有关诸神的家庭生活与战争的可怕故事(tales)中把它表现成的样子。那些早期观点在这里没有被证明为错误,但明显的是,高贵和正义在这样一个世界上没有宇宙论支持;低的可以战胜高的,高贵的事物与必要的事物之间以及高贵的事物彼此之间,都会处于冲突之中。在新神学中,更高的不是由更低的而来,好是第一位的。相似地,诸神自身[*353*]并不代表与存在相反的生成;在所有事物中,它们是最为不变的东西;它们不会被肉体的欲望——这些欲望是虚弱、变化与依赖的标志——所打动。静止与永恒胜过了运动与时间。诸神是为哲人所知之理念的一个先兆。信仰这些神的人,当热爱城邦与正义时,将不再憎恨教导理念的哲人,不再认为他们不虔敬。

这一关于诸神的讨论的一个进一步的重要结果,从这一事实而来:诸神不说谎。在与克法洛斯的讨论中表明,正如人类的正义有时不需要归还债务,它有时也需要不说实话。诸神从不说谎,这似乎暗示了它们与人无关,并不是他们的朋友。人们居住的这个世界,既包括好(good)又包括坏(evil),尽管好在整个宇宙(*cosmos*)中的支配地位安慰了人类的状况,但并未使其完美。人不能像诸神一样生活。后来我们被告知,统治者必须说谎;因而,诸神不是统治者,并且统治者不能模仿诸神的德性。政治家需要一种属人的审慎,诸神不能就此给他们任何指导。对诸神的诗歌描述的这一改革,导致的后果是:将来,对诸神的诗歌描述不能充当人类行为的典范。

*386a – 392c*

这些关于诸神的信念,苏格拉底说,将塑造出崇敬诸神与祖先并认真看待【自己】彼此间友爱的战士。这意味着,关于诸神的适当意见将促使战士既虔敬又正义——在这两个词的通常意义上说。接下来是勇敢,控制血气并使血气完美化的德性。勇敢并非如此多地依赖关于诸神的信念——诸神的处所通常被保持在天上,而是依赖关于冥府(Hades)即死者之居所的信念——冥府一般被认为在地下。荷马(Homer)对冥府的描写令人感到厌恶和恐惧,苏格拉底断言,相信它的人不可能勇敢。在此,苏格拉底的批评是完全消极性的;他只是讲,这些事情不应该说。他没有像他对待诸神时那样告诉必须说什么。苏格拉底甚至没有说冥府存在,或者有任何死后的生活。某类神的存在似乎比来生的存在更少受质疑。奇怪的是，苏格拉底只坚持死亡不应令人恐惧，而对这一恐惧可能拥有的有益效果，他没有任何关注。显然，不只是战士被从他们对来世生活的恐惧中解放了出来，而且像克法洛斯一样的人也是如此。正是这一恐惧[*354*]曾致使克法洛斯设法在他的老年正义地生活。但是，这一恐惧也使克法洛斯不能参与这场讨论。苏格拉底正在寻找另一种使人热爱正义的方式，一种不强迫他们离弃今生并对理性怀有敌意的方式。

苏格拉底希望从文学中删去所有这些有关冥府的讨厌故事。但在这么做时，他似乎破坏了勇敢的德性。如果死亡没有什么可怕，那么牺牲生命就并不特别值得赞扬。它将不需要克服恐惧。然而，苏格拉底的意图不是要把战士变成值得信赖的机器人。他的真正意图在来自荷马、有关冥府的七处引言中暴露出来，他在这一部分对话的开头引用了它们。除了正中间的一个，所有引言都或多或少直接与阿基琉斯有关；余下的有关诗歌的讨论中引用的大部分荷马诗篇确实也是如此。苏格拉底把阿基琉斯带到前台，是为了分析他的性格，并最终废除他作为年轻人的真正(*the*)典范。阿基琉斯的形象，超过了任何教导或法律，驱迫着希腊人以及所有追求荣耀的人的灵魂。他是英雄中的英雄，被所有人赞慕和模仿。而这正是苏格拉底希望挑战的；他教导说，如果阿基琉斯是典范，人们将不会追求哲学，阿基琉斯代表的东西与最好城邦的建立以及最佳生活方式的践行相抵触。苏格拉底正在与荷马从事一场为争夺希腊人或人类的教师之头衔而进行的竞赛。他的基本目标之一，就是让自己取代阿基琉斯从而成为最好的那类人的真正代表。我们只需看看对他们身体的描述就可认识到，他们是对立的两极。通过使丑陋的老人比漂亮的青年更有魅力，苏格拉底试图让人们的品味发生一种奇异的转变。

现在完全清楚了，尽管阿基琉斯相信冥府是一个可怕的地方，但他仍然可以勇敢。苏格拉底不会当真意指，荷马提出的关于冥府的观点必然使一个人成为懦夫。在《申辩》中，苏格拉底最强有力地陈述了他已超越对死亡的恐惧，从而使自己与阿基琉斯相一致。苏格拉底指责英雄，不是因为他们的勇气失效了。他反对的是这种人——考虑到他们对死亡的理解——为了面对死亡而必须付出的代价。苏格拉底实际上以对阿基琉斯的分析开始了对建立在血气基础上的勇敢的批评，因而也是对他的城邦中战士阶层的批评。在《王制》中，血气和有血气的人在表面上显现为，他们很容易被教育，并能够成为好城邦的根基。这是好城邦的一个必要预设。但是，在表面下奔腾着一股潜流，这[355]表明，血气是灵魂与城邦中一种最成问题的要素，因而，好城邦最不可能。

血气起先作为一种保护偷来的获取物的手段而出现在城邦中。这是理解血气之本性的关键：它与保卫一个人自己的东西密切相关。这在阿基琉斯的事例中特别真切：他的愤怒由阿伽门农(Agamemnon)夺去他的战利品——少女布里塞伊斯(Briseis)——所引起，他的狂暴则是丧失了他的朋友帕特罗克洛斯(Patroclus)的结果。如果把阿基琉斯当作有血气的人的典范，我们就会看到，愤怒特别指向对那些夺走一个人自己的东西之人的惩罚。尽管愤怒致使人愿意牺牲生命，但它却以某种方式与保护那些使生命可能的事物相联。现在，正是在人的愤怒之本性中寻找正当理由。当一个人确信从他那里被夺去的东西不属于他或者他的损失或痛苦是他咎由自取时，他就很难愤怒。愤怒需要某种有待谴责的事物或人；愤怒把责任归咎于造成伤害的东西，同时，愤怒与对正义和不义的感觉紧密相关。不幸的是，愤怒是无理性的，很容易把它对不义的感觉错当成不义的事实。愤怒能够在合法的防卫与惩罚中支持理性,但它也可能反对理性,因为它不愿承认任何质疑其因由之正当性(the rightness of its cause)的东西。愤怒可能被培养成一种非常慷慨的激情(generous passion),一看到任何貌似不义的东西就发作起来;但无论它对不义的指控之实质是什么,无论它真正保护的利益多么自私,它总是伴随着一种确信,即它是正义的。愤怒总是自以为是;它处于道德义愤的根基,但道德义愤是一种尽管必要却危险、常常不合理乃至非道德(immoral)的激情。愤怒的趋向是为自私赋予理性和道德的色彩。这已经被对话中唯一表现了愤怒的人物所揭示;当哲学威胁到城邦的不义时,特拉绪马科斯的愤怒保卫城邦自己的东西免受哲学侵害。按其本性来说,血气正是城邦中或人身上唯一对哲学有敌意的要素。

为了克服对死亡的恐惧,血气需要一种几近狂热的怒气;因为,尽管英雄热爱荣誉,但他承认,在世上做个奴隶比在冥府做个国王要更好。对阿基琉斯而言,做一个英雄确实是不合理的;为了做一个英雄,他必须战胜他的理性。阿基琉斯是理性的敌人。如其所见,别的选择,要么是一种对生命的合理但不高贵的依恋,要么是一种对死亡的高贵但不合理的意愿。愤怒使阿基琉斯能够克服对可怕事物的恐惧;但在这么做时,愤怒要求一种高昂的代价,因为它强迫[*356*]其存在受到威胁、其前景如此暗淡之人,把一种过高的价值和无限的重要性(cosmic significance)附加在那一存在的牺牲之上。愤怒不能面对一种特殊死亡的无意识或偶然的品质,并强烈地抵制任何剥夺其意义的东西。换言之,愤怒为英雄的行为提供不合理的原因。它处处都看见不义行为以及对其进行惩罚的义务。这就是阿基琉斯为何视死去的身体恍若活人一般并鞭打它们的原因;这就是阻挡了他的河流为何变成了向他挑战的诸神的原因。这的确有把他的英雄主义提升到幻想的高度并使他能够做出最为非凡的功绩的效果,但是,只有以使世界被荒谬的意义所包围为代价,并且只有通过相信甚或捏造助长他的愤怒并使其正当化的魔幻般(demonic)存在,才可能如此。通过改变这一死亡观,苏格拉底希望在不放弃战士的血气带来的好处的情况下限制血气的极端情况。

关于勇敢的讨论,可视为一种对阿基琉斯之品格的分析,紧随其后的是关于节制的讨论;阿基琉斯再一次呈现为中心角色。在苏格拉底给出的古怪说明中,节制并非如其被期待的那样主要是对肉体欲望的控制,而是对统治者的服从。尽管苏格拉底并未明白说出,但很清楚,愤怒是不服从统治者的主要因由,而阿基琉斯正是不服从的臣民之典范。他的愤怒,与他的自尊紧密相连,使他成为统治者的一个不可靠的臣民。苏格拉底指控阿基琉斯贪图金钱、唯利是图。表面上看,这不公平。阿基琉斯并不贪婪;是菲尼克斯(Phoenix)建议他接受礼物的,并且不是因为其价值,而是因为它们将是阿伽门农羞辱他的证据。阿基琉斯没有听从劝告。但在一种更深层的意义上,控告阿基琉斯赋予财产不适当的重要性是正义的,他确实因为自己的财产被统治者夺去而毁灭他的朋友和同胞。如此之人将成为正在建立的好政制的拙劣(poor)公民。在这一政制中,没有私有财产,并且统治者决定一个人拥有什么。阿基琉斯会反抗他们,正如他反抗阿伽门农,宣称他保有属于他的东西是正义的。阿基琉斯对阿伽门农的抗争似乎源于高贵的骄傲,但这一骄傲,在一个人对自己的东西的过分热爱中有其根源。血气是各种各样现象的原因,比如踢绊人的椅子,不服从统治者,对哲人的惩罚,对诸神的傲慢无礼;这些现象的真正特征只有在它们的共同来源中才能被看到。因而,这些段落处理的真正问题,[*357*]不是使护卫者勇敢的问题,而是把他们按其本性拥有的原始勇敢转化为公民勇敢的问题。这就是导向节制的诗的工作。

纯粹形式的血气——阿基琉斯所展示的——暗示了某种“悲剧的人生观和世界观”，照它看来，正义永远不会收到任何报酬，高贵的事物按其本性来说不会比低贱的事物更受到支持。治疗这一疾病的唯一药物是哲学，以“学习如何去死”为己任的哲学，由苏格拉底作为其大师的哲学。哲学导致缺乏对一个人自己的东西的关心；它关心的是不受威胁、总是存在的事物。哲学活动——灵魂对万事万物之原则的沉思——带来一种纯粹而强烈、致使所有别的乐趣都苍白无力的乐趣。对哲人而言，像大多数人一样活着无异于像大多数人认为的那样居住在冥府中。哲人不必按照神话来生活，神话确保的是并非永久或重要之物的永久性和重要性。在对永恒的沉思中，死亡被一种对个人命运的漠不关心、被对它的遗忘所克服。这是一种既高贵又合理的生活。在第三卷卷首，七处引用中的正中间一处涉及泰瑞西阿（Teiresias），一个在世间是智慧的、单独置于冥府的阴影中仍拥有审慎或智慧的人。或许甚至连荷马也表明，智慧能够使一个人免除冥府的悲惨。但是，战士不是智慧的，不能享受哲学的安慰；因此，他们需要安慰性的神话，这些神话使死亡不再那么可怕，并减少了对那种在其火焰中使温和要素化为灰烬的强烈血气的需要。

苏格拉底在《申辩》中的行为，可使他在《王制》这些段落中的意图更为清楚。当苏格拉底在这里使自己等同于阿基琉斯时，他在试图使听众加深对他献身于哲学的印象；再没有什么比这样一个为了理想而愿意去死的人更令世俗之人印象深刻的了。因此，苏格拉底把自己比作这种人最著名的范例。他指出，陪审团的成员都是害怕死亡的人，而他自己则不怕。陪审员们类似阿基琉斯，因为他们认为财产、家庭、朋友和城邦都是好的事物。他们可以克服自己对死亡的恐惧、对失去这些容易腐朽之物的恐惧的唯一方式，是像阿基琉斯所做的那样——通过保卫那些事物，保卫他们自己的东西。但是，这种对一个人自己的东西的血气性保卫，正是苏格拉底所遭受痛苦的来源；他被判有罪，因为他威胁了雅典。苏格拉底自己的勇敢无畏自有别的来源。在他被定罪后，[358]他把他的陪审员们分为两个群体：那些投票赞成定罪的人和那些投票赞成无罪的人。对于前者，他直接用他们自己的方式说话。他们认定死亡是最坏的事情，因此苏格拉底威胁他们；他们将因他们所做的而受苦，并将遭受他们最害怕的事情。他们的愤怒将不会保护他们；苏格拉底的死亡将使最坏的事情发生，而非将其挡开。对于那些投票赞成无罪的人，苏格拉底则讲述了安慰性的神话，大意是说，死亡并不可怕。他们是温和的人。虽然他们不理解苏格拉底，但他们善意地倾向于他。苏格拉底通过削弱恐惧——这恐惧会导致他们憎恨被指控之人的世界主义——来加强他们内心的那种温和。因而，苏格拉底模仿悲剧的功能，试图净化他们的怜悯与恐惧，怜悯与恐惧可以导致迷狂，并使他们能够在不知其来源的情况下分享几分苏格拉底自己的平静。苏格拉底对相信他无辜的陪审员讲述的神话，与那些他想要诗人告诉战士——他们是潜在的陪审员——的神话类似。阿基琉斯和苏格拉底都比大多数人卓异，特别是在他们对死亡的掌控方面。但是，疯狂的阿基琉斯与苏格拉底——《斐多》(*Phaedo*)描述了他的死亡——之间的区别，正是区别这一掌控的两种来源的尺度。苏格拉底之死及其揭示的神秘力量，是英雄作为(the heroic)的新典范，定会取代阿基琉斯的典范。

为了理解音乐的意义和用途，如苏格拉底关于这些的教导那样，求诸莎士比亚(Shakespeare)最有助益，他在《威尼斯商人》(*The Merchant of Venice*)第五幕罗兰佐(Lorenzo)对杰西卡(Jessica)的伟大演说中反映了这一教导。① 这一场景发生在一出阴郁而不快的戏剧的末尾，其主题是夏洛克（Shylock）和安东尼奥（Antonio）之间的斗争，他们每个人都保卫自己的、有损于另一人的东西。只有在这里，在贝尔蒙特（Belmont），才有和谐与美。在这一乌托邦中，爱统治着。关于音乐的讨论揭示了爱与美的可能性。有一种宇宙的和谐，即宇宙中的音乐与爱。世俗的（Earthly）音乐是对天体（spheres）听不见的音乐的听得见的模仿。这些被听到的和谐有一种数学结构，它类似于建立在整全基础上的数学原理。在所有的技艺中，音乐是最为直接地将事物的可理解的秩序呈现给感官的那种技艺。我们之所以忘记了宇宙的音乐（cosmic music），是因为我们"被一件腐朽的泥泞的罩袍严密包裹"。我们的道德致使我们满腔怒火；世俗的音乐侍奉这一愤怒，平息我们，并使我们趋于温和。在我们所有的分离与对立中，这都令我们想起和谐在我们宇宙中的统治。苏格拉底对战士进行的音乐教育为他们的激情赋予这种音乐，根据罗兰佐，没有它，一个人就不能被信任。

*392c－403c*

[*359*]如果诗对战士有益，根据苏格拉底，仅改变其内容就不充

---

① ［译注］此处所指的演说如下："这是因为你有一个敏感的灵魂。你只要看一群不服管束的畜生，或是那野性未驯的小马，逞着它们奔放的血气，乱跳狂奔，高声嘶叫，倘然偶尔听到一声喇叭，或是任何乐调，就会一齐立定，它们狂野的眼光，因为中了音乐的魅力，变成温和的注视。所以诗人会造出俄耳甫斯用音乐感动木石、平息风浪的故事，因为无论怎样坚硬顽固狂暴的事物，音乐都可以立刻改变它们的性质；灵魂里没有音乐，或是听了甜蜜和谐的乐声而不会感动的人，都是善于为非作恶，使奸弄诈的；他们的灵魂像黑夜一样昏沉，他们的感情像鬼域一样幽暗；这种人是不可信任的。听这音乐！"（朱生豪译文）

分,其形式也必须被改变。他迫使具有诗的倾向的阿德曼托斯放弃诗的最伟大魅力——模仿。他的理由如下:诗人能够使人们相信他们看到和听到了他的人物。这构成了诗人的真正力量——诗人使人们着迷,以致他们经历了诗人希望呈现的经验。诗人把自己隐藏在他的作品之后,听众(audience)暂时忘记了他们进入的世界不是真实的世界。观众(spectators)拥有对人和事的现实感,这些人和事比他们在自己生活中所知道的任何人和事都更有趣、更美丽。这就是诗如此特别有魅力的原因。诗人对人们的控制如此这般,以致他能够构想一种对自己的高度评价和一种面对被他打动之人的巨大优越感。但是,诗人远不如他自以为的强大。正是因为诗人必须让他的听众参与到他想要呈现给他们的世界中,他必须诉诸这个世界的支配性激情。诗人不能强迫观众去听他,或者喜欢并进入令他们厌恶之人的生活中。诗人必须投合与逢迎观众的支配性激情。这些激情是恐惧、怜悯和轻蔑。观众想要哭或笑。如果诗人要取悦他们,就必须满足这种需要。诗人有能力使人们哭或笑;他能够提炼与泪水和笑声有关的激情的表达;他甚至能够适当地改变那些鼓动这些激情的对象;但是,他不能改变他靠这些激情的存在与强化来发达的事实。但是,这些激情也正是苏格拉底所说的战士必须尽力克服的东西。在憎恶阿伽门农并为其朋友死亡而悲伤的阿基琉斯优美而崇高的形象中,人们可以为他们自己感到的诱惑和恐惧找到正当理由。人们相信,在阿基琉斯身上,他们看到了人类完美的现实化身,而他只不过是他们自身的一个提炼(distillation)罢了。

此外,诗似乎需要人物与情节的多样性,以及激情的强烈性;不幸的、受苦的人或滑稽可笑的人是它最钟爱的题材。有德性的人们趋向于相似,较不可能向诗最擅长模仿的行为让步;并且,节制肯定不是诗人青睐的一种德性。诗中有某种使恶行乃至犯罪有趣的倾向，是因为作恶乃至犯罪之人具有吸引力。换言之，对一个想要写出美的史诗或戏剧的人来说，德性并非必然是题材的最佳选择；诗人必须让他对德性的热爱服从于其技艺的需要。

最后，也是最重要的，诗人不能模仿最好[*360*]的一种人——哲人。哲人会毁灭一出悲剧；并且，尽管他可能出现在一出喜剧中，但是，只有其活动的某些效果，而非那一活动本身，才能被展示出来。一个统治者可被展示在舞台上统治；大部分其他人类典型也可被如其所是地展示。但是，展示一个哲人进行哲学探究根本不可能。对诗的苏格拉底式批评，不但在于写作史诗、悲剧和喜剧的诗人没有选取最令人赞慕的人类典型作为主角，而且因为，它们的形式使得他们不可能这么做。所需要的是这样一种诗的形式：它不被迫让并非真正最高的东西看起来最高。最终，以苏格拉底作为其主角（hero）的柏拉图对话，正是这种形式。然而，在讨论的这一阶段，苏格拉底把讨论停留在了驱除大部分诗人并坚决主张一种极少使用模仿的简单诗歌上，而当它确实使用模仿时，它只在好人处于好的时刻时模仿好人。苏格拉底之所以这么做，是因为他希望保护战士们得之不易的节制，同时还因为他不想要他们相信诗的主角是最好的人，这些主角要被与其大不相同的那些人所统治，并且必须尊重他们。

正如苏格拉底剥夺了阿德曼托斯大部分得自模仿的魅力，他剥夺了格劳孔很多出于诗歌的伴随物——曲调（harmony）与节奏（rhythm）——的魅力，格劳孔特别倾向于它们，一提到它们，他就重新加入了对话。曲调与节奏以最为原初的方式鼓动激情，无言地感染着自身无言的非理性的恐惧与快乐。曲调与节奏占据一个人，并带给他一种对其情感之况味（significance）的深刻感受。苏格拉底无情地使曲调与节奏屈从于他所希望的被讲述的故事。只有那些唤起适合于新主角的情感的节奏与曲调,才可接受。并非让字词跟从音乐,一种显然与音乐的感染力之本性有关的诱惑,即言辞——逻各斯(*logos*)——完全指引着音乐。由此,苏格拉底使自己成了诗的主人(master);他掌管它表现什么,如何表现,以及可增强其吸引力的伴随物。这一主宰业已获得,但却以诗的爱好者在音乐中发现的吸引人的东西的丧失为代价。

尽管如此,就与其兄弟相对立的格劳孔而言,所需要的并不仅仅是牺牲。阿德曼托斯的脾性是这样的:当他看到严厉的苦行对于保存他正在创建的城邦,或者促进令人舒适的正义——亦即他在自己的演说中要求的和在猪的城邦中感到满足的正义——确有必要,他就会接受它。但是相反,格劳孔坚持对他自己好的东西,在[*361*]服务于这一目标的范围内,共同体仅属于次要的旨趣。因此,他必须拥有可解释他的牺牲的充足理由;而苏格拉底向他揭示了战士教育的积极目的。战士是要做美,特别是美的灵魂的热爱者。精良(fine)技艺的产品,将被用来使他们被美的东西的模仿物所包围;这些模仿物将会赋予战士在有德之人的行为、品格和言辞中看到美的习惯,从而教导他们热爱各个方面都得到展现的德性。模仿不能逢迎激情,而应转化和升华激情。苏格拉底所强加的对肉体欲望的严厉的节制,是解放对美好事物(the fair)和有德事物(the virtuous)之爱的前提条件。如果肉体需要占优势,它们,将导致丑陋,不管丑陋如何被装饰;因为肉体需要的满足需要不谐与恶行。适应于(prepared by)对自己欲望的抑制并习惯于高贵人士的生活的战士们,将避免【成为】特拉绪马科斯的小偷与僭主,不是出于道德原则,而是出于品味。战士将在政治上更加可靠,因为他们对美的爱欲——一种情感与行动的优雅与精致——将缓和他们对其自利的追求。格劳孔现在看到,在被适当培养后,爱欲在新秩序中拥有一席之地,从而,他接受了建立这一新秩序所必需的努力。为了试图领会苏格拉底试图在此达成的东西,转而求诸莎士比亚的诗仍然最有裨益。在《暴风雨》(*Tempest*)中,智慧的普洛斯彼罗(Prospero)在他的小岛城必须统治愚蠢之人,为了确保他们在政治上有好行为,他使用了三种促动手段。奴性的凯列班(Caliban)只能为殴打(pinches and blows)所促动。贪婪的阿隆佐(Alfonso)及其同伴,类似克法洛斯,被良心和对神圣惩罚的恐惧此二者的等效物所抑制。但是普洛斯彼罗喜爱的人,他打算把他的统治权移交给的人,是不需要任何粗暴抑制的美的热爱者。腓迪南(Ferdinand)和米兰达(Miranda),两人都惊叹于(struck with wonder at)对方的美。每人都渴望配得上另一人,都热衷于表现会赢得赞许的行为。这是一条通往德性的更温和、更确定和更人性的道路。

*403c – 412b*

在音乐——它看来是对战士灵魂的培养——之后,苏格拉底转向了体育,它看来是对战士肉体的培养。既然这些人是为了战斗而接受训练,我们或许原应期待这将是教育的最重要部分;他们是在战斗中取胜的工匠,他们至少必须像任何其他工匠一样学好自己的技艺。然而,苏格拉底对这一主题的处理,好像人们没有肉体似的,好像武器的使用不是胜利的因由似的。苏格拉底[*362*]声称,拥有德性确保了胜利;技术上的才能和机运不起任何作用。这是一种没有根据的(unwarranted)主张,正如任何生活经验都将表明的那样。但在这一城邦的背景中,它并非完全令人难以置信。很快将变得显明起来:这些战士将几乎不(do little if any)在城邦之外从事战斗;城邦将几乎没有对外政策;战士的功能更多的是要控制欲望阶层或工薪阶层的恶行。因而,对战士的掠夺①倾向的控制和对他们献身于共同好处的鼓励,比他们的战斗技能更为重要。但是,苏格拉底对好城邦的整个处理,看起来仍忽视了一些问题,这些问题与获取和保存使好城邦得以可能的事物有关。然而,这一忽视是有意为之,认识到这一点会使我们意识到好城邦和好生活的问题——也就是说,在保存生命所必需的活动和生活得好所必需的活动之间存在一种张力。肉体需要的满足在根本上是过上任何种类的好生活的前提,它自身可以轻易地变成目的。苏格拉底全神贯注于灵魂的完美,似乎它的需要跟肉体需要处于完美的和谐中,因为,只有通过表现得好像肉体不存在,或者至少好像肉体需要从未同一个好城邦或哲学的需要相抵触,肉体引起的困难才能被搞得清楚而明确。

对体育的讨论与对肉体的忽视——它构成了整部《王制》的特色——是一致的。但在这种情况下,肉体尤其难以被忽视,似乎苏格拉底在这里将不得不承认人是一种双重存在(a dual being),并讨论肉体与灵魂的关系。然而,他继续坚持,他的战士是简单的而非复杂的存在。健康肉体的原因在于健康的灵魂;如果肉体确实生病了,自然就必须被允许按照它自身的轨迹运行。换言之,我们被要求相信,灵魂完美地控制肉体,好的灵魂不能跟坏的肉体相连,同时,我们被要求忘记病人提供的相反证据,以及一门照料人们的肉体而非他们的灵魂的医疗技艺的存在。

然后,不可避免地,既然体育与保持人的肉体健康很少有关联,讨论就从对体育的描述转向对医疗术——它照料生病的肉体,而不考虑灵魂的健康——的攻击。据苏格拉底所言,城邦中需要医生乃出于和需要法官同样的原因:缺少节制。当人们渴望得过多,他们

---

① [译注]原文为 *predatary*,似应为 *predatory*。

就得夺取别人的东西,结果必定要出现在法官面前;同样燃烧的欲望也破坏肉体的和谐,从而,生病的人必定让[363]自己服从于医生。不节制是肉体和城邦的所有疾病之因由。法官和医生都应该尽可能多地被排除在城邦之外。苏格拉底明显嘲弄的具体对象是赫罗迪科斯(Herodicus),先进而复杂的医疗术的创建者,他是一个多病之人,发明了一种让他毁坏的肉体保持活着的技艺。体弱多病之人(valetudinarian)①是荒谬而危险的,因为他使一切都从属于保持自己活着,他不为任何东西而活,除了为这一条命;如果他那种对生命的关心在城邦中变得普遍起来,城邦的德性将被破坏,城邦里的一切都将被用于这一目的——灵魂将为肉体而存在,而非肉体为灵魂而存在。

苏格拉底以一种简单且好的医疗术反对复杂的医疗术,前者由神圣的阿斯克勒庇俄斯(Asclepius)所创建,并为荷马所描述。阿斯克勒庇俄斯使用现成的方法,它不需要寻找稀缺的药物,也不需要病人的生活方式有任何改变。如果这些方法无效,病人就被允许死亡。这或许看起来像是一种残忍的医疗技艺,但是,阿斯克勒庇俄斯采用它并非出于无知,而是因为他是政治的或有政治家风范的,这意味着,他使医疗技艺从属于共同好处的需要。这种医疗术不威胁德性的实践和对德性的完全投入;它没有解放肉体,没有允许它拥有自己的生活。因而,苏格拉底在荷马那里发现了他为了反对荷马而详述的简单的诗的孪生子。复杂的诗致使人们为容易腐朽的东西、他们自己的东西附加过多的重要性;复杂的医疗术致使人们为他们的肉体附加过多的重要性。或许两种错误实际上是同样的。

---

① [译注]valetudinarien 是有特殊意义的一类人,过于关心自己的身体状况的人。

正如新的诗意在使人们在损失他们的生命、财产以及他们热爱的人时保持坚强,旧的医疗术意在使他们在其肉体生病时保持坚强。

尽管苏格拉底对公民承担其义务的关怀,使得他对赫罗迪科斯的医疗术的驱除变得可理解乃至无可厚非,但这却并未消除如下事实:关于肉体,赫罗迪科斯比阿斯克勒庇俄斯知道得更多;这也没有消除这一事实:赫罗迪科斯的技艺揭示了关于人的简单性或统一性的神话之虚假。要理解人,我们必须理解他的复杂性,为此,我们必须既研究他的健康又研究他的疾病,既研究他的德性又研究他的恶行。这样一项研究在这一城邦中是不可能的,因为它过于简单。当格劳孔认识到这一点时,他警告苏格拉底,在他们的城邦中很难拥有好的法官,因为里面的人们将不会拥有关于灵魂多样性的充足经验,从而不能适当地诊断和治疗它们。苏格拉底选择忽视这一问题,但很明显,他有更多的东西需要向[364]赫罗迪科斯和荷马的经验——向不但知道好而且知道坏的复杂的医疗术和复杂的诗学习,而且比他在这里愿意承认的还要多。看起来,技艺——因而智识的完美——在一种不利于战士的公民德性的环境中繁荣起来。一个遗忘了他的肉体并专注于他的工作的战士或工匠,在他自己的行当里肯定更好,但是,希望拥有关于肉体以及肉体与灵魂之关系的知识之人则不能遗忘肉体。公民德性和理智德性的要求不同。看起来专注于战士灵魂的东西,实际上是一种对其肉体力量的关心。如果战士想要了解关于肉体的真理,他们就不会被信任可以控制它们。他们的教育不完全,他们也不完全。

苏格拉底对肉体的贬低走得如此之远,以致他以否认体育在根本上与肉体有任何关系来结束。体育的真正目的是要培养灵魂。正如灵魂的血气部分需要软化,温和的或哲学的部分需要硬化。理性趋向于软弱,因为它使自己服务于激情,或为有血气的愤怒让路。

理性必须被加强，以便它能够在对普遍真理的追寻中抵制特别的欲望与愤怒。体育服务于这一功能。在为了好的公民身份而对战士的灵魂所作的准备中，苏格拉底也期望战士对哲学的开放，以及他们中间任何潜在哲人的拯救。血气与温和是灵魂的经线与纬线，每一个对灵魂的健康机能而言都有必要，但二者彼此处于一种精妙的平衡中。换一个比喻来说，灵魂必须像一件乐器一样通过松弛琴弦和绷紧琴弦来调音；这正是音乐和体育方面的教育所做的。对乐器的适当调音是公民身份和哲学的前提。

在战士教育——一种旨在使其成为一个和平民族的好护卫者的教育——的结尾，真正(*the*)受到鼓励的这一德性乃是节制这一点变得明确起来。这一教育现在是完全的了，战士将要承担他们的职能，但是，他们在正义上还没有经过任何培养。似乎拥有并非正义的好护卫者也是可能的。只有假定节制是一种正义的等效物，这才能得以理解。至少从城邦的立场来看，节制确为这样一种等效物。公民冲突的主要来源，乃是为了稀缺的好东西而发生的竞争，那些能够控制自己对这些东西的欲望的人，最不可能认为煽动叛乱和违犯法律符合自己的利益。在猪的城邦中，欲望的单纯、自然的充足和诸种技艺的才能，确保了公共利益和私人利益的和谐。一旦欲望被解放出来，[*365*]节制的德性——它被理解为对欲望和血气的控制——就被用来重新建立这种和谐。

*412b - 416d*

建立政制的下一步是选拔统治者。他们必须是较为年长的战士，他们拥有审慎和军事才能，并关心城邦。尽管别的限定条件似乎同等重要，但这里讨论到的唯一一项乃是关心城邦。战士的严格教育,尚未使其摆脱最终可能使其成为狼而非看护犬的诱惑。他们仍会把好东西视为那些稀缺的、人们希望自己私人持有的东西。在对他们的教育中,迄今还没有任何东西使他们依恋这一城邦及其幸福。如果他们要关心城邦,他们就必须喜爱它,而如果他们要喜爱它,他们就必须把它与他们的自爱相连:如果他们相信城邦的利益就是他们自己的利益,他们将最为热爱城邦。显然,这一信念总是受到威胁,或是因为它对自然理性而言并非完全显明,或是因为理性很容易被智术师式论证或激情所掌控。因此,在统治者的选拔中,最重要的标准就是他们最为强固地持有这一信念。最复杂精密的技术被用以检验他们。但即便如此也不足以保证他们会热爱城邦。必须向他们倾注荣誉和奖赏,这将带给他们更为明显的(palpable)证据,以证明城邦对他们而言是多么有利。但是,所有这些教育、检验和荣誉,都不足以建立私人利益和公共利益之间的和谐,这和谐随着猪的城邦的消失而一起消失。苏格拉底能够找到的唯一疗救办法是一种伟大的谎言——高贵的谎言。

这一著名的谎言由两个非常不同的部分组成。根据第一部分,城邦的所有成员,特别是战士,都从地里出生,并在从地里显现之前就已被教育好、装备好了。如果公民相信这一故事,他们将与国家拥有一种血缘纽带;他们与国家的关系,将像他们与家庭的关系一样拥有同样的直接性。忠诚于一个特定的城邦,似乎多少总是令人怀疑的:为何热爱这些人而非任何或所有其他人?故事使他们成为兄弟,并使他们与这一块特定的土地相关。故事使城邦和政制与国土(country)完全一致,而国土是最原初的政治忠诚之对象;它赋予祖国以生命,赋予城邦的原则以肉身。由于一个普遍国家的缺乏,只有这样一个故事才能够使个人和很多现存城邦中的一个产生自然的关联。而且,通过这种方式,[*366*]政制自身被增添了自然性

(naturalness)的色彩。政制需要人类制度,而别的自然事物却不需要,这一事实使政制的自然性成为问题。但是,在这里,政制教育公民以发挥的那些作用被归因于自然;公民进入他们的政治角色,正如橡果长成橡树。每个人或许原本都想知道,为何他应该献身于把所有其他领域都排除在外的他的特别专业;但现在他们看到,他们所装备的技艺属于他们,一如他们的肉体属于他们一样。这一政制也易受攻击,因为它建基其上的土地是靠征服或窃取所得;这一不完美的开端,为后来之人按照他们自己的利益来论证强者的正当提供了根据。通过用一种对政制起源的正义解释来隐藏这一政制的不义起源(它是我们已看到的),这一故事提供了这种可能性。在这个谎言的基础上,处于非常好的信仰和良知中的公民,可以为他们的政制之正义感到骄傲,并且,不满者没有任何进行叛乱的正当理由。土生土长(autochthony)的优势就是如此。

谎言的第二部分既给予人类天分与德性的自然等级制以神圣的认可,同时又使政制能够把这一等级制的政治优势与灵活性的政治优势结合起来。在苏格拉底式观点看来,政治正义要求不平等的人在统治中获得不平等的荣誉和不平等的份额。这既是有利的,又是适宜的。为使之有效并得以保存,权利与义务的不平等必须获得制度的表达。但是,在实践中,如果不平等是一项可接受的原则,那么它就会在一个固定的阶层——一个人由于出身和/或财富而非德性而属于这一阶层——中找到它的表达。哪里没有这种阶层,平等在那里就是主导的原则;如果在一个平等主义社会中有等级制,那么它们就以像财富或技术才能之类的标准为基础。问题是要建立一种政制,在其中由法律建立的等级制反映了自然的等级制,或者,在其中德性是成为统治阶层成员的唯一资格。在依然尊重由德性之差异构成的不平等的情况下,所有不义的习俗性不平等都必须被克服。当然,困难源自私人的利益和财产。更强大的人总是想要拥有更多,较弱的人愿意满足于平等。为了降低统治者的级别,其特殊的权利和财产都必须被从他那里取走;这样的改变遭到最强烈的抵制。父亲不愿意看到自己的儿子被剥夺他们与生俱来的权利。要使没有德性的人看到并接受他们的低等,并放弃上升的希望,并非易事。理性和情感需要一种解决方案,通过它,人们得到他们应得的东西。但是,在所有现实的政制中都有两种实际解决方案中的一种:或者存在一种等级制,但它是通过使统治取决于一些比德性更容易被认可、被接受的资格而混合了自然[*367*]与习俗的等级制;或者根本没有任何标准或等级制。每一种解决方案都反映了真理的一部分,但每一种都不完全。这一谎言为令人满意的解决方案提供了基础,赋予等级制可靠性,同时向人们展示了一个基本原理(rationale),这原理被编造出来,意在克服把自己评价得至少像他们的邻居一样高的原初倾向。谎言通过引进一个神来实现这一点,它塑造公民,并在他们出生时把各种金属混入其身以表明他们的各种价值——金代表统治者,银代表战士,铜和铁代表工匠。如果公民相信这一点,并且如果公民也接受如下观念,即存在辨识(seeing)各种金属的手段,那么他们将至少消除一些(have at least some counterpoise to)他们的自爱。谎言暗示了,城邦必须拥有某个能够辨别灵魂品质的智慧的统治者,但在此并没有强调这一点,而是强调了使公民准备好既接受一种稳定性,又接受一种违背其脾性(grain)的变动。谎言的第一部分与第二部分不同,这表现在:前者试图使对城邦及其政制的习俗性依恋显得自然,而后者必须为人有理由想要忘记的自然差异提供一种习俗性支持。这就是为何在谎言的第二部分必须诉诸一个神的原因。

谎言,因为它是一个谎言,凸显出它被编造出来以解决的问题。

对这些问题的任何理性研究,或许都无法产生一个政治合法性的基础。无论如何,人的欲望的品格会使一个理性的教导不可能成为公共的教导。今天已得到公认的是,每个社会都以神话为基础,正是神话使被并入一个系统中的正义的特殊形式为人所接受。苏格拉底说得更直接:神话即谎言。正是因此,神话对一个理性的人而言不可接受。但苏格拉底并不如此主张——由于所有的公民社会都需要关于正义的神话,[所以也]就找不到正义的任何理性基础。苏格拉底的教导不能充当一个借口,以接受一个社会声称是正义的任何东西。高贵的谎言实乃一种使公民社会的正义理性化的努力;它是详细描述一个政制的努力的本质部分,这一政制最能具体体现自然正义的原则,从而超越了其他政制错误的正义。富有思想的观察者将发现,高贵的谎言是一种对真理的政治表达,并且正是谎言自身引导他去思量真理。换言之,这一谎言的每个部分都有好的理由,并且这一点正是一个理性的人为何愿意讲述它的原因。

苏格拉底的教导——一个好社会需要一种基本的虚假(fundamental falsehood)——是启蒙运动之教导的直接对立面,启蒙运动主张公民社会可以摒弃谎言,并依靠自私的[*368*]计算来使人们忠诚于它。两种观点的区别可被简化为一种有关节制之重要性的区别,节制既是为了公民社会的保存,又是为了个人天性的充分发展。高贵的谎言被编造出来,旨在给予人们以共同好处的名义抵制其强大欲望的根据。启蒙运动的伟大思想家没有否认,这种谎言对劝诱人们牺牲自己的欲望和关心共同好处是必要的。对大多数人克服自己的偏好并把自己奉献给公共福利的自然能力,他们与苏格拉底一样不抱希望。他们坚持的是,有可能建立这样一个公民社会,在其中人们没必要关心共同好处,在其中欲望将会被疏导(channeled)而非被控制。一个提供安全和某种前景——每个人都获取那些他最想要的财物(possessions)——的公民社会,将比任何使人们遗弃他们的自私愿望的乌托邦式努力都是一个更简单、更确定的解决方案。这样一个公民社会可以依赖人们的理性坚持(adhesion),因为正如所见,它将成为人们获取自身好处的一个工具。因而,对嗜欲的节制(moderation)不但不必要,而且不可欲,因为它会使一个人更独立于其目的在于满足嗜欲的政制。

对这一论证的苏格拉底式回应将是双重的。首先,他会完全否认这样一种政制的可能性:此政制永远不会被迫去要求其公民真正牺牲。这在战争时期尤为正确。一个人不可能理智地计算出,在战斗中死亡会服务于其欲望的长久满足。因而,每个公民社会都将需要能够使私人成为公民的神话。但在【上述】这样一个自私社会中,不但提供这样的神话非常困难,而且,这些神话将是对该社会为之骄傲的理性的令人厌恶的拙劣模仿;假装成哲学的东西将肯定是宣传。

其次,这样一个公民社会只有通过改变理性的含义才能建立。对这一社会而言,理性取决于对满足欲望的最佳方式的发现。那些欲望的非理性必须被忽略掉;尤其是,人们必须忽略他们如下做法的非理性:他们不愿面对他们必然死亡这一事实,并且他们持续追求自我保存的手段,仿佛他们会永远活着似的。苏格拉底教导,只有一个掌控了肉体欲望的人,才能看到真正的人类境遇,并与之达成妥协。这种掌控是过一种理性而令人满足的生活的前提,但它很难达到,如果人们想要成功地达到它,他们就需要他们能够获得的所有帮助。[*369*]启蒙运动的人们提议的公民社会,远非鼓励这种节制,而是积极地阻碍这种节制。这一公民社会还嘲弄那些有时显得简单的信念,这些信念会有助于支持一个人的自我克制,使他记起他的道德。这样一个社会将产生一个由自我遗忘而庸俗之人构成的种族，他们会要求像他们自己一样的人作为其统治者。根据苏格拉底，唯有通过高贵的谎言才能确保热爱真理的人在一个社会中存在并进行统治。高贵的谎言用来使战士和工匠热爱城邦，用来确保被统治者愿意服从统治者，尤其用来防止统治者滥用他们的指令。但是显然，它在克服战士的诱惑上并非完全成功。不过苏格拉底走得更远：战士被剥夺了所有的私人财产，一切他们可能称为他们自己的东西的东西，这些东西他们可能私下里就变得热爱起来——特别是金钱，金钱容许无限的增长，并且扩展私人欲望的可能性。战士也被剥夺了隐私；他们没有任何可能储藏非法获取之物或享受被禁止之快乐的地方。他们总是被人们看见——如果不是被诸神看见的话——因此，成功地违反法律以及获取没有根据的好名声所需要的隐秘是缺乏的。不义无法对其有利。他们现在是完全政治性的，实现了苏格拉底的完美工匠——这工匠只关心他统治的东西，而根本不关心他自己。除了共同好处，战士什么都不关心。

*419c－427c*

阿德曼托斯此时提出反对，这并不令人惊奇。为了他所从事的创建工作，他已经接受了很多令他感到不快的东西，放弃了很多生活的魅力。阿德曼托斯想要他的城邦有好的护卫者。但是，护卫者的生活与他自己会渴望的东西之对比，对阿德曼托斯而言太过分了(too much)。阿德曼托斯原初的需要表明他是一个正义和政治共同体之友，但他想要一种会得到城邦保卫的轻松生活。阿德曼托斯对猪的城邦感到满意；随后，在建构好城邦的过程中没有出现任何东西可复归他在那儿经历过的个人满足。阿德曼托斯拥有自我克制的能力，一种不为格劳孔所共有的严峻(austerity)。但这一自我克制能力是以舒适生活为名的,它会被过多的欲望摧毁。现在,通过使护卫者的生活如此艰难,苏格拉底夺去了阿德曼托斯允许如此严厉地培训他们的动机。遵循他和格劳孔在他们攻击正义时采用的方式,阿德曼托斯通过另一人之口来表达他的异议。匿名的指控者声称,苏格拉底不是在让护卫者幸福,并且,阿德曼托斯要求苏格拉底对控告作出*申辩*。阿德曼托斯和特拉绪马科斯一起[*370*]把苏格拉底带入审判。特拉绪马科斯控告苏格拉底破坏城邦,教导一种将导致人们不尊重法律的学说。阿德曼托斯的控告并非完全不同。作为一个创建者,苏格拉底从公民那里夺去他们建立公民秩序所意欲的东西,他们的财产,他们的隐私——他们自己的东西。苏格拉底使幸福从属于别的东西,或者说,他剥夺了人们的幸福。苏格拉底的教导威胁了人们做一切事情的目的。在这里,就像在更早的指控中一样,指控者的自私促使他指控苏格拉底是不义的。但同样无疑的是,像被指控的那样,苏格拉底也是有罪的。

苏格拉底的辩护并不是——像本可能被期待的那样——说这些护卫者幸福。一个人本可回应说,他们从履行他们的责任中获得一种特别的快乐,献身于城邦对他们而言自然是好的。显而易见,苏格拉底不相信这是事实。为了私人获利而从事政治的人,拥有促发他们行动的充足动机;但完全献身于共同好处,在《王制》中却尚未有充足的正当理由,并且,护卫者被要求在没有足够报酬的情况下服役。苏格拉底的回应是,他在谈论一个幸福的城邦,而非它里面的一个幸福的团体。从城邦的角度,我们可以看到,它拥有这样一个由完全具有献身精神的公共仆人构成的团体是有利的。但是,这仅仅推迟了讨论个人与城邦的关系问题——这一问题业已被首先想要在城邦中看到正义的决定推迟了——并使之更为尖锐。苏格拉底对待城邦就像它是一个有机体似的,就像在没有幸福的人的情况下可以有幸福的城邦似的。

仅凭这一回应,苏格拉底并没有满足阿德曼托斯的异议。这是一个强大的异议,一个可能被比年轻人、非哲学的阿德曼托斯更智慧的人提出的异议。亚里士多德本人便同意,护卫者不幸福,这就阻碍了政制的可欲性。甚至是没有人可以指控其鼓励行为放荡的亚里士多德,也向人们想要拥有他们自己东西的愿望妥协。在亚里士多德的最佳政制中,统治者是财产拥有者。那么,为何苏格拉底坚持对他的统治者提出如此高的要求?或许是因为,他对揭示问题比对提出实际的建议更感兴趣。通过把对奉献的要求推至极端,苏格拉底完全暴露出人身上使这种奉献不可能的东西,从而向实践的人表明必须做出什么妥协。对这一奉献标准的任何背离,都确实是一种妥协;例如,亚里士多德的统治者对城邦的奉献就不完全纯粹,政制不得不接受使财产成为统治资格之一的不义。[*371*] 在亚里士多德的最佳政制中,没有财产的德性没有任何地位;习俗必须与自然混合起来。苏格拉底在试图满足格劳孔的要求;他在设法表明,政治正义自身就是好的,并非因为它可以成为其他利益的来源。或许这一要求是根本不能被满足的,至少在格劳孔的原初意图的层面上是这样。

然而,严格意义上的政治考虑并不足以说明苏格拉底的方法(procedure);苏格拉底的方法只有根据后来出现的超政治(trans-political)考虑才能最终得到解释。出于政治的理由,做出必要的妥协以使护卫者幸福将是智慧的(wise)。但是,对公共事物和共同事物的专注,对肉体需要的遗忘,为最普遍的关怀即哲学的引进铺平了道路。如果个人想要进行哲学探究,城邦要被哲学统治,那么对私人事物或特殊事物等等的关怀就必须被克服。完全献身于共同好处的护卫者,是献身于认识好本身的哲人的原型。

正如他对废除私有财产的反对所揭示的,阿德曼托斯是一个秘密的财富热爱者。因而,苏格拉底马上转向攻击财富对城邦的影响。这激起阿德曼托斯做出有利于城邦的最后抵抗。阿德曼托斯反对说,城邦为了保卫自己再富裕也不为过。战争需要金钱,因此,必须允许一定数量的获取。或许健全的国内政策会阻止财富的获取,但是对外政策必须被给予优先地位,因为城邦的存在正依赖于它。阿德曼托斯的反对理由同马基雅维里(Machiavelli)如出一辙:最佳政制仅仅是一个梦,因为,一个好城邦若是不做那些使它能够在邪恶的城邦中生存下来的事情,它就不能避免毁灭。正是对外政策使得在城邦中献身于好生活不可能。一个城邦必须至少跟它的邻邦一样强大,并且必须采用一种使这得以可能的生活方式。贫穷、狭小、僵化不能跟富裕、广袤、创新竞争。真正的政策是向外看的,城邦与人在根本上依赖于他者,因为他们必须如此。若是不回应这一异议——马基雅维里认为它对拒绝古典政治思想具有决定性的意义——详细描述一个乌托邦的努力就愚不可及。

在对付异议的努力中,苏格拉底制定了马基雅维里式的(Machiavellian)对外政策,以保存其城邦的反马基雅维里式的(anti - Machiavellian)国内政策。城邦将过于贫穷,以致根本没有成为征服对象的吸引力;它强韧的战士将使其成为一个危险的敌人,它将与其潜在的进攻者一起进攻[372]软弱而富裕的城邦。而且,为了防止同盟城邦变成全能的,它将在它内部煽动起公民冲突,并站在穷人的一边,尽管护卫者的城邦并不相信穷人那一边拥有正义。以此方式,城邦能够存活,仿佛它没有任何邻居并专注于任何它认为最好的生活方式似的。在与其邻居的关系中,城邦不为关于正义的考虑,而为关于保存的考虑所激发。正义与城邦的国内生活有关,不能被延伸至其边境之外。当审查城邦与人之间的类比时,这正是需要考虑的要点:正义在两者之中本该是同样的,因此,人们会期望一个人对待别人的表现应该像一个城邦对待别的城邦一样。

苏格拉底的论证至少说服了阿德曼托斯,于是他关于这一政制的最后保留就被克服了。他成了苏格拉底全心全意的拥护者。阿德曼托斯现在使用他道德化的严厉反对这一政制的所有敌人,特别反对诗人和普通的政治家。任何可能削弱其新建城邦的东西都是阿德曼托斯的敌人,他对那些被他视为邪恶的人感到愤怒。参考阿德曼托斯本人在关于正义的长篇演说中做出的一个评论,可以解释他自己的行为。阿德曼托斯在那里声称,一个真正知道正义比不义更好的人,不对那些行不义之事的人感到愤怒;毋宁说,因为认识到他们对此没有责任,他对他们的无知感到同情。这意味着,那些对不义感到愤怒的人尚未认识到不义的低劣,他们的愤怒其实是一种抑制他们自己所受诱惑的方式,他们由于屈服于困扰他们自己的诱惑而责备别人。在以奇怪的(curious)方式抒发道德义愤之后,这些人把责任归于虚无之地。有些人想要坚持正义,但却认为不义的那些对象是好的,对他们而言,自我克制是必要的;愤怒和责备是这一克制的手段。在这些段落中,苏格拉底的温和与阿德曼托斯的义愤之间的对比令人吃惊,显示出他们分别代表了对正义之优越的有知和无知。看起来,好像苏格拉底几乎不能愤怒,而愤怒之于政治正义是如此必要,因而,他在这里或别的地方都能利用阿德曼托斯。阿德曼托斯的特别形式的血气,当被驯化后,就是一根责罚不义的鞭子,一种原初正义的来源。

*427c – 445e*

在确立了敬拜诸神的法则之后,城邦被宣称是完全的和完美的。其完美化必定在于:它是统治者为了被统治者因而是弱者的利益而进行统治的唯一城邦;这与特拉绪马科斯对统治者的描述正好相反,但与[*373*]苏格拉底和特拉绪马科斯对严格意义上的工匠的共同理解相一致。

终于,苏格拉底和他的同伴们准备好开始进行研究了,对这一探究而言,他们以前的所有努力都只是准备而已。他们现在必须在业已在其谈话中建立的城邦中寻找正义和不义。在格劳孔——他现在接替了阿德曼托斯——的催促下,苏格拉底指出了接下来确定正义位置的方法:既然城邦是完全好的,它一定是智慧、节制、勇敢和正义的;因此,他们只需要在其中辨认出他们确实认得的德性,以便将剩下的德性确认为正义。然而,这一方法也导致一些显见的异议。毫无依据居然就确定这四种——而且仅仅这四种——德性是使一个城邦好的东西。也没有什么表明对话者们懂得智慧、节制和勇敢是什么,正如他们不懂得正义是什么。这些德性在这里从未被主题性地讨论过,但我们从别的苏格拉底对话中得知,它们和正义一样问题丛生。但是,最重要的是,在没有为此举提出任何根据的情况下,苏格拉底先已假定了他和他的同伴们曾着手要证明的东西——即正义是好的。原先问题是:正义是什么?它是好的吗?现在问题已变成:正义是什么好东西?我们不禁想知道,为何格劳孔未作任何评论就接受了如此巨大的一个改变。可能是因为格劳孔如此渴望听到正义是什么,因为他相信,他和其他人终于都站在了应许之地的边界上,以致他好像没有看到微妙的限定条件(fine print)①。而且,这是他的城邦,仅仅出于这个原因,它就是好的。常识规定了如下观念:正义是某种与城邦有关的东西,并且,一个好

① [译注]fine print 指法律文件中用小字印刷的细节。

城邦肯定拥有正义。格劳孔已经接受了这一城邦以及与其相伴的正义。他几乎不可能宣布,他已建立的城邦不正义。

然而,格劳孔的原初问题尚未被回答。与特拉绪马科斯相反,格劳孔曾暗示,正义意味着强者服务于弱者,以至于忽视他自己的利益。这一政制中统治者的生活似乎支持这一看法。对被统治者而言,服从统治者确实符合他们自己的利益,因为统治者献身于他们。但是,有关照料被统治者是否符合统治者之利益的疑问仍然存在。出于他自己的自私理由,一个创建者或许想要统治者坚持正义,但他并未由此证明,正义对统治者而言是好的。从创建者或正在讨论城邦之人的观点来看,假定正义是好的,而且城邦之中一定有正义,完全正当。但是,真正的问题一直被推延到对个人的讨论才提出:在个人身上的正义与在城邦中的正义是同样的吗?*以及*在个人身上的正义会[*374*]导向好的公民身份吗?首先,我们看被完美化了的城邦,然后看被完美化了的人。问题存在于两者的关系中:一个完美的人在一个完美的城邦中能够变得并保持完美吗?正义对他而言是好的吗?这与如下问题相同:城邦是自然的吗?因为人,从而好人,肯定是自然的。

苏格拉底和他的同伴们,在辨别正义时比在辨别其他德性时经历了更大的困难。正义,并非远在天边,而是就在他们脚下的黑暗之处。甚至对他们在那儿发现的东西的一个粗略检查就揭示出,正义在这个城邦中并不必要。这并不太令人惊讶,因为在正义未以特定方式——勇敢、节制和智慧曾以此方式——被纳入城邦时,城邦就已产生。诚然,当正义被定义为每个人都做他自己的工作或者管好他自己的事情时,正义并没有为尚未由其他三种德性完成的城邦添加任何东西。城邦需要智慧之人发命令;它需要勇敢之人克服对智慧的命令的抵制;它需要节制把城邦联结起来成为一个整体,并维持它各部分的适当等级制。但是,正义被丢在了哪儿?正义在此消失了,甚至就像在玻勒马科斯断言正义由帮助朋友构成,却只发现是各种各样的技艺帮助人们时,它就消失了一样。由于技艺除了帮助也能伤害——一个医生除了救人也能杀人——的事实,这似乎不能令人满意,因此需要一些比技艺更多的东西。但现在看起来,有必要补充技艺的东西并非正义;技艺只需要属于适当的秩序或整全。如果统治者对整个城邦及其个人的好处感兴趣,如果他们在有关工匠如何使用他们的技艺方面命令工匠,那么此外就什么都不需要了。节制,而非正义,致使工匠服从统治者。无需向公民要求什么正义的脾性或气质。正义,至少在城邦中,仅仅意味着其他三种德性的呈现。

然而,对表达正义通常所指的东西而言,管好一个人自己的事情并非一个没有启发性的准则。正义似乎涉及帮助别人,但是,爱管闲事之人或干涉者在某种程度上是不完美的类型。在这个城邦中,如果每个人做适合他做之事,那么他也在帮助别人。每个人在保持他自己的东西和做他自己的事情时也有利于别人。而且,为克法洛斯所表达的最简单的正义感,在此也得以满足:对法律的遵从被维护了,因为法律是好的。因而,这个并不关怀正义的城邦,满足了被克法洛斯和玻勒马科斯——他们是它的拥护者——所定义的正义之需要。并且,在这个城邦中,特拉绪马科斯将不再能够提出蔑视正义的同样理由,他将很快加入苏格拉底的朋友团体(Socrates' group of friends)中。

[*375*]苏格拉底现在转向研究个人的正义,这对格劳孔而言至关紧要。这一研究很快移向对灵魂的讨论;通过把灵魂看作整全的人,苏格拉底默默地假定了,正义在一个人身上是什么这一问题与肉体无关。他和格劳孔试图确定灵魂是否像城邦一样拥有三个部

分;如果它确实如此,类比将使他们倾向于相信:灵魂的三个部分跟城邦的各部分拥有一样的品格和秩序,并且灵魂的德性与城邦的德性相同。他们轻易地把欲望和理性区分为灵魂中各自独立的部分。随后,正如可能被期待的那样,至关紧要且最难以确定的部分是血气。血气是独立的抑或它属于别的两个种类之一? 格劳孔给出一个显而易见的回答,一个跟他自己的经验一致的回答:血气属于欲望部分。当他不能得到他想要的东西时,他可能最为愤怒;他特殊形式的血气肯定把他引向战争,以追求对快乐和胜利之欲望的满足。苏格拉底以一个例子回应格劳孔,在其中,血气据说克服了欲望。血气是含糊不清的:它可能支持或反对肉体欲望,或者它自身甚至可能是一种欲望。但苏格拉底走得更远。他设法使血气看起来像是理性的一个忠诚盟友,仿佛是理性的军队,血气迫使欲望沿着理性指令的道路前进。苏格拉底表现得好像只有在最任性的(perverse)人的案例中血气才反对理性。因而,灵魂是一个具有多样性的统一体,并与城邦完全对应。与城邦中辅助阶层的类比,使得声称血气是理性的同伴并处于比欲望显然更高的次序,似乎有道理。

但这是对血气的一种最为"乐观主义的"说明,它与对控制血气所持的乐观态度(that hopefulness about its control)——这是城邦创建的真正(*the*)前提——相一致,也与对欲望的贬低——这对城邦有必要——相一致。为了证明血气不同于欲望并用以控制欲望这一要点,苏格拉底讲述了关于某个勒翁提俄斯(Leontius)的故事。在从比雷埃夫斯上行回雅典的路中,勒翁提俄斯发现刑场上有尸体,并渴望去看看它们。他体内的某种东西抵制这种欲望,但经过一番斗争,他屈服了并看了。然后他就咒骂他的眼睛,并命令它们把"美的(或高贵的)景观(the fair[or noble] spectacle)"看个够。对这一例子的仔细反思揭示出,它并非如此绝对地支持苏格拉底的论题——血气本质上是理性的一个盟友。我们肯定会问,为何血气反对观看尸体的欲望并对眼睛产生愤怒呢?或者很可能是因为,看见死令血气感到厌恶,从而血气与对生的欲望合作;或者是因为,对罪犯之尸体的注视不光彩,并[*376*]违反了被血气引发的羞耻感。无论出于何故,血气对勒翁提俄斯的抵制似乎都不理性。事实上,血气在与好奇心——认知欲望的近亲——作斗争,这或者是因为此种欲望被别的强大欲望所反对,或者是因为它试图认识被禁止的东西。血气看起来既能够使自己跟欲望结盟,又能够反对对知识的探寻。在城邦中,尽管对血气阶层的教育显示出某些困难,但这一阶层在很大程度上是有益的;但在灵魂中,它更加成问题。因为试图说服格劳孔做一个好城邦的好公民,苏格拉底便向他提供了一种对灵魂中血气的不充分解说——这一解说在灵魂中赋予血气以它在城邦中扮演的同样角色,同时却遗忘了灵魂与城邦之间的差异。

起初,在对仅仅作为理性之可信赖工具的血气的不完全描述中,苏格拉底选择遗忘的是这一事实:在某种意义上,灵魂中的理性是一种欲望;在血气反对欲望的意义上,血气也反对理性。通过声称正如在城邦中一样,灵魂中的理性只是计算,苏格拉底能够做到这一点。一种枯躁的(dry)、计算的理性,关心把欲望引向一种与共同好处相一致的满足,它跟欲望不同,且不需要与血气冲突;但是,一种充满爱欲地竭力去认识一切事物的第一因的理性,有它自己的生活,对此地此时的需要漠不关心。这种理性是最为强大的欲望之一,最为远离城邦的首要关怀。血气必将反对这种理性,正如它反对任何其他形式的爱欲一样。理性存在于城邦中,但只是以政治审慎(political prudence)的形式。荣誉政制(Timocracy),一种建立在血气基础上的政制,是最为公开地对哲学有敌意的政制(547e)。一个城邦像一个人一样，渴望财富，需要食物，并深思熟虑。但是，一个城邦不能生殖(reproduce)或进行哲学思考(philosophize)；所有形式的爱欲都被从它那里切除。在这个意义上，一个城邦不能被适当地比作一个人。城邦能够利用爱欲的产物，不管是孩子还是思想，但它肯定只能利用生产它们的活动，或把这些活动习俗化。为了使一个人成为彻底政治性的，必须压制或扭曲他的爱欲表达。

为了了解苏格拉底在此遗漏了什么，再次打量一下战士阶层会有帮助，他们被认为像血气在灵魂中一样在城邦中发挥相同的作用。在对欲望的服务中，战士作为征服者可以剥夺外国人，或者在对作为一个整体的城邦和统治者的服务中，他们可以抵抗侵略者。在城邦内部，他们可以站在人民因而是欲望一边，反对统治者和理性，或者他们可以站在统治者一边，但不反对人民，而是为了控制和引导[*377*]人民。战士被一般的意见或规则所引导，他们不知道其根据，也不能认出其例外情况。例如，他们必须憎恨看起来不关心城邦的人、热爱外国事物的人以及质疑法律的人。这些人大多数确实邪恶，但苏格拉底也会被包括在内。他们会本能地憎恨苏格拉底，并想要把他作为一个敌人来惩罚，因为，由于他们缺乏理性，并把一切好与城邦的好视为同一，故而他们将不能区别苏格拉底与别的人。统治者或许能做出必要的区分，战士极为可能会遵从他们；但我们可以预见一种情境，在其中战士反抗统治者，因为统治者打破了他们灌输给战士的道德规则。但是，无论如何，从健康城邦的观点来看，或许像苏格拉底这样的人应该被压制。实际上，血气在城邦中时常统治着智慧，并导致以正义之名犯下的罪恶。道德义愤导致判处将军们死刑，他们在阿吉纽西(Arginusae)指挥雅典人取得了伟大胜利，但因为一场风暴，他们没能完成从海洋中找回他们的死者尸身的虔敬义务；这一判刑不顾智慧的苏格拉底的强烈异议而被执行。而且,对苏格拉底本人的判刑,也是同样的道德义愤的结果。在两种情形中,人民的一般原则都是一种有效(valid)原则;但在两种情形中,他们都没有看到情有可原,更不用说看到违犯法律者的道德优势了。

在个人的灵魂中,血气以相似的方式表达自身。血气能够导致自己东西的贪婪征服者或骄傲保护者。血气还能产生愤怒而任性之人,这种人对违逆其欲望的东西大发怒气。并且,最有趣的是,血气还可以导致在道德上产生义愤的人,不但惩罚别人的欲望,而且惩罚他自己的欲望。但在灵魂的情形中,这种对令人不悦的欲望的惩罚比在城邦中更为有害。理性最为发达的灵魂,将——像勒翁提俄斯的眼睛一样——渴望看到公民被禁止看到的所有种类的事物;这灵魂将充满通常与自私、欲望和恶行相连的思想。这样一个灵魂将像被驱除的诗一样,既包含德性的影像,又包含恶行的影像。以愤怒和羞耻的形式,血气将反对理性的欲望。这就是为什么严峻的、道德的阿德曼托斯比热爱胜利的、充满爱欲的格劳孔更加反对哲学的原因。因此,保护城邦健康的血气妨碍了灵魂的理论能力的发展,从而妨碍了灵魂的健康的发展。苏格拉底在这一段落中从血气的所有其他方面抽离出来,单单集中在血气的一个功能上——对欲望的控制。如此一来,苏格拉底使血气的政治优势显而易见,并暗示了[*378*]血气对哲学造成的威胁。灵魂各部分的和谐最令人怀疑。

苏格拉底总结道,灵魂和城邦拥有同样的组成部分,并将被同样的德性给完美化。因而,关于正义的讨论应该结束了;而苏格拉底也确实试图转向关于不义的讨论,如果把它与正义相比的话,不义一定会被辨别出来。但是,他将不被允许在这一方向上继续,因为他的对话者们尚未被说服成为这个城邦的一员是可欲的,并想知道有关此的更多东西。灵魂的好和城邦的好的同一性尚未使他们信服。这可以理解,因为当一个人不知道灵魂各部分的本性或准确点说它们的作用是什么时,声称一个正义的灵魂是一个在其中它的每一部分都起它自己的作用的灵魂,是纯粹形式性的。不能仅仅假定它们正好与城邦的各部分及其作用相对应。

迄今没有什么可表明,拥有一个健康灵魂的人将等同于已建立的政制的公民。充分使用了其理性力量的智慧之人与对战士和工匠发布命令的审慎的政治家相同吗?这个智慧之人的勇敢是相信对城邦好的东西对他也好从而愿意死在战场上的战士的勇敢吗?这个智慧之人的节制是一个顺从的臣民或者一个关心公民并希望为了其利益而统治他们的统治者的节制吗?这个智慧之人的正义在于做某种城邦指定给他的并对城邦有用的工作吗?对所有这些问题或其中任何一个的肯定回答,似乎都极不可能。然而,格劳孔的真正问题是:他的幸福是否取决于做一个好公民,即一个遵循法律的人?通过绝口不提城邦的正义和人的正义之间不可能存在一种和谐,苏格拉底试图造成存在这种和谐的印象。

但这是一个显眼的问题,苏格拉底的表达方式甚至使它更加引人注意。正如我们已经观察到的,如果城邦与人的对应被认为是真实的,那么一个人,像城邦一样,应该只对他自己感兴趣,并仅仅为了他自己的利益而利用别人,如同城邦所为。在目前的讨论中,苏格拉底已使灵魂的健康显得可在孤立中获得;正如好城邦的邻邦只是它寻求好生活的障碍,一个人的邻人可能也被认为是障碍。在这种情况下,他会想要争取最大的自足。这一印象为如下事实所加强:肉体的需要使得一个人与他的伙伴紧密相连,而在这里肉体就像不存在似的被对待。这里呈现出来的城邦与人的对应,将倾向于支持如下的观点:[379]正义之人——亦即拥有健康灵魂的人——

将不愿在好城邦中做一个好公民。并且,他似乎也不想做一个僭主,因为他的完美似乎独立于城邦。当苏格拉底指出一个拥有健康灵魂的人将不可能窃取托管物、违背誓言、犯通奸罪等等时,他没有证明正义的个人是因为尊重法律甚或关心别人而避免了这些行为的。正义之人并不试图利用别人这一事实,可被轻易地解释为缺乏对相关对象的欲望,正如被解释为依恋共同好处一样。在描述这样一个与他人相关之人的行为时,苏格拉底只是讲述了这个人不做的事情,但从未提到这个人愿做的任何具有公民德性的积极行为。在不做一个正义公民的情况下做一个正义之人,似乎是可能的,这比格劳孔已经提出的任何东西都走得更远。

对正义问题的显见回答,只是提升了这一问题的难度,因为我们现在拥有了正义的城邦和正义的灵魂,二者的关系就像肉体与灵魂的关系一样神秘。由于城邦与灵魂之间伪造的同一性,灵魂的本性在理解正义的过程中成为具有决定性的考虑因素。鉴于这一考虑至关重大,苏格拉底像他在对话开始时那样渴望匆匆离开也就毫不奇怪了。也难怪他的同伴们再一次联合起来制止了他,因为他欠他们的更多了。

# 第五、六、七卷

*449a – 473c*

在一个重新概述对话开端的场景中,玻勒马科斯再次与阿德曼托斯合伙"逮住"苏格拉底。这次他们更加可怕,因为他们现在使格劳孔和特拉绪马科斯加入了他们的行列。对话重新开始,苏格拉底的同伴们已经认识到——假如仅以一种肤浅的(peripheral)方式——关于灵魂的讨论不完善,他们也把这视为关于城邦的讨论的不完善。对苏格拉底的陈述,即朋友在城邦中共同拥有包括女人和儿童在内的一切东西,他们想知道更多,因为这种隐私的彻底欠缺意味着一个人不能拥有属于他自己的生活。从而,一个人的灵魂要么必须被共同体满足,要么根本就得不到任何满足。他们控告苏格拉底一项罪名,控告他通过剥夺他们的一部分讨论而行不义之事。他们是对的。苏格拉底想要在不完全把自己献给人们和城邦的情况下履行他对他们的责任;他把自己的生活方式保持为私人性的。所有其他人都能在业已建立的城邦中找到他们的满足和尊严。但苏格拉底能吗?苏格拉底被迫出现在城邦的法庭面前;在这里,他不能[380]给予他的生活一种神话式的说明(像他在《申辩》中所做的),而是必须像他实际所是的一样解释自己。这个城邦宣称,它对人们而言是最大的好,它召唤最高忠诚,实现人类潜能。现在,这个城邦必须被扩展开来,看看它是否能够包容苏格拉底。这是最为关键的检验,因为,如果城邦的最高活动和人的最高活动同一,那么就没有超出城邦之外、在内心或行为中反叛的正当理由。城邦的地位取决于这一努力。

现在,苏格拉底着手设法使仍是私人的一切变成公共的或共同的。完全的共产主义,从苏格拉底的观点来看,乃是正义政制的唯一形式,它不但需要废除私有财产,而且需要共享女人与孩子,并由哲人进行统治。女人、家庭和哲学都属于爱欲的领域,这一领域似乎最不妥协地乃是私人性的。至今为止,苏格拉底指出的东西固然严厉,但并非异国风味的。城邦仅仅是一个被改善的斯巴达(Sparta),纠正了它最坏的恶行,同时保存了它的德性。苏格拉底已采用了他出身高贵、喜爱斯巴达的(Laconophile)对话者们的意见;阿德曼托斯喜爱斯巴达,因为它是古朴、安全和贵族性的;格劳孔喜爱斯巴达,因为它好战。通过制止统治阶层迫害穷人,通过压制对财富的隐秘欲望,并通过节制排他性的战争倾向,苏格拉底已改进了斯巴达。同时,他已缓和了人们的好战脾性,给予他们某种开放的可能性。现在苏格拉底必须利用这种可能性,并试图把雅典要素注入斯巴达政制。为了完成他的工作,苏格拉底将不得不面对三次奇幻的浪潮,它们威胁要吞没他。前两个浪潮——女人与男人过同样的生活以及妻子与孩子的共有——从未在现实中或严肃之人的思想中存在过;它们是一个喜剧诗人的荒谬构思,这位喜剧诗人仅仅是为了嘲弄它们而指出它们。最后的浪潮,哲人的统治,则是一个彻底的创新,超出了同一位喜剧诗人——他也嘲弄过哲学——最狂野的思想。

第五卷是荒谬的,苏格拉底期望它被嘲弄。在它对习俗和自然的蔑视中,在它对男性的骄傲和羞耻、家庭以及政治家技艺和城邦所有这些最珍贵的情感的伤害中,第五卷同时引起了笑声和怒火。如此一来,第五卷只能被理解为苏格拉底对他最危险的指控者阿里斯托芬的回应，以及与他的争辩。在《公民大会妇女》(*Ecclesiazusae*)中，阿里斯托芬以私人事物的名义攻击了公共事物；在《云》中，他以诗的名义攻击了哲学。苏格拉底在此指出，如果哲学进行统治，政治事物就可以战胜[381]私人生活。如果苏格拉底是对的，他就可以显示，阿里斯托芬之所以没有理解城邦，是因为他没有理解哲学，而阿里斯托芬之所以没有理解哲学，是因为他不理解哲学可以把握人类事物、特别是城邦。《王制》是第一部政治哲学之书，它试图显示：哲学可以清楚了解人类事物，而任何其他学科都不能。苏格拉底是言辞中的城邦从而是政治哲学的创建者。在第五卷中，苏格拉底则试图显示在行动上哲人之于喜剧诗人的优越性；他通过创作一出比阿里斯托芬的任何作品都更奇幻、更新异、更滑稽、更深刻的喜剧而做到这一点。苏格拉底带着极度严肃的样子从事荒谬的考虑；这样他已是喜剧的了。如果他看起来严肃教导的东西根本不可能——而这将被证明为事实——苏格拉底的喜剧将与《公民大会妇女》相似。在那出戏剧中，雅典女人试图创立正义的但在政治上不可能的东西，因而，她们造成了荒谬的情境；苏格拉底则通过使她们的提议激进化而超越了她们。如果城邦的完美不理解灵魂的完美，城邦将在与灵魂之美的对比下显得丑陋，并成为一个适当的喜剧主题；它的自命不凡将是可笑的。如此一出喜剧将是一出神圣的喜剧，一出要求一种更神圣的笑声的喜剧。只有哲学才可以产生这一喜剧，因为——正如苏格拉底将解释的——只有哲学才拥有真正的美的标准。似乎不同意阿里斯托芬关于城邦的看法，苏格拉底显示了只有他才知道城邦不充分的真正根据。柏拉图相信，关于人，他的苏格拉底可以比阿里斯托芬论证得更好，并且他的论证可以在更好的喜剧中达到顶点。如果这被证明为真，苏格拉底及其生活方式的绝对优越性将显而易见。

苏格拉底提议,女人应该和男人拥有同样的教育和生活方式;应该有一种完全的性别平等,可以说,女人和男人必须分享同一间更衣室。苏格拉底意识到诗人将嘲笑这一提议,对于像阿里斯托芬这样的人而言,它将是一个被嘲弄的主题。但苏格拉底声称,喜剧诗人只是以此服务于希腊习俗,或者是因为他们自己不能超越习俗,或者是因为他们依赖于由他们必须取悦的希腊人组成的观众。像野蛮人一样,希腊人曾经为看到彼此赤裸着而感到羞耻,但他们能够克服这种羞耻。一个赤裸的人在一群穿着衣服的人中间肯定会显得可笑,但人们为什么应该穿衣服?在健身房中,公开的赤裸不再可笑。希腊人显示了,文明人可以既是节制的,又是赤裸的。现在他们必须走得更远,[*382*]向他们的节制提出更大的要求。但是,说仅仅是习俗禁止了赤裸的男人和女人的公共交往有意义吗?赤裸之所以被禁止,是因为它鼓励放荡,是因为文明人需要对他们的性欲的某种掌控。公开的赤裸在性欲不可能被它激起的地方是可以允许的。男人可以一起赤裸,因为使他们彼此间的关系去性欲化(desexualize)相对容易;但是,城邦的保存需要男人和女人的相互吸引。城邦可以禁止同性恋关系,并且羞耻和习惯可以使这一观念对他们而言不可思议。但城邦不能禁止异性恋关系,在任何特别的时刻,男人和女人几乎都不能被期待会超出彼此的吸引之外。因而,健身房的目的将被推翻。法律同时会鼓励和禁止两性的相互吸引。喜剧诗人并非没有正当理由;性事是必要的,且必须保持为私密的。苏格拉底之努力的一部分就是使爱欲政治化,就是表现得好像爱欲不提任何不符合城邦公共生活的要求似的。再一次,苏格拉底"遗忘了"肉体,这种遗忘是女人之平等的前提。作为一项政治提议,男人和女人的公开赤裸毫无意义。羞耻是男人和女人之间爱欲关系的本质部分。就苏格拉底所认为的另一种形式的爱欲——智识和哲学的爱欲——而论,克服羞耻的需要变得显而易见。为了认知,灵魂必须剥去覆盖了灵魂本性的习俗。羞耻防止灵魂这么做,正如它防止灵魂剥去其肉体一样。正因这一羞耻,喜剧诗人能够嘲弄自然的东西,从而阻碍这种东西。喜剧诗人过于为羞耻所促动,因为他意识不到使无耻正当化的那种爱欲。换言之,喜剧诗人将嘲弄哲学,正如他将嘲弄淫荡一样,之所以如此,是因为两者都与为羞耻所加强的习俗的要求相抵牾。荷马也曾指出这一点。当愤怒的赫淮斯托斯(Haephaestus)把他不忠贞的妻子阿芙洛狄忒(Aphrodite)和她的情人阿瑞斯(Ares)捆绑在一起,并把他们赤裸着暴露在其他神面前时,除了一个神,所有神一看见就都笑得直不起腰来。但是赫尔墨斯(Hermes)说,倘若他可以跟阿芙洛狄忒躺在一起,他宁愿经受此种羞辱。羞耻不能诱使他的爱欲放弃对美和好的追求,即便所有的女神都将加入观看和嘲笑他的众神之列。最终,从苏格拉底的观点来看,赫尔墨斯是对的。

依照苏格拉底,对女人采取同男人一样的训练制度是可能的,因为它是自然的;它是通过论证男人与女人之间的差异和秃头的男人与有头发的男人之间的差异一样不重要而被证明为[383]自然的。然而,苏格拉底还承认,最好的女人在能力上总是不如最好的男人;那么,甚至任何女人都极不可能被考虑成为更高阶层的成员。因而,对她们作为护卫者的教育的整个考虑都无必要。如果女人生孩子的事实被忽视了,且这一事实在她们被挑选成为护卫者的过程中不起任何作用,如果能力是唯一的标准,那么在护卫者阶层中将不会有充足数量的女人来繁衍这一阶层。显而易见,女人被置于护卫者之列,不是因为她们和男人拥有同样的能力,而恰恰是因为她们和男人不同——她们能够生孩子,而男人则不能。同样地对待不同的人是不义且不自然的。或许灵魂相同,但肉体的影响相当强大;肉体的必要性使正义对灵魂而言艰难起来。为了使以与男人同样的方式对待女人合法化,苏格拉底必须伪造一种有关女人之天性的习俗。

那么,为什么苏格拉底坚持同样培养男人和女人呢?女人在前四卷中几乎未被提及。为什么不让男人管理城邦、让女人待在家里呢?有两个原因可能被提出,一个是政治的,另一个是超政治的。首先,对女人德性的忽视,可能被认为是另一个斯巴达式过失。男人需要女人,并可以轻易地被她们控制。女人在一个社会中的品格与男人的品格有很大的关系;因为当男人年幼时,女人与他们的培养有很大关系,而当他们更年长时,他们必须取悦女人。特别地,女人对家庭和孩子比男人拥有一种更为强大的依恋。她们涉及可能与城邦相反的私人事物。她们在特性上不愿意把她们的儿子送往战场。此外,女人与男人占有金钱的欲望有很大关系。女人的青睐可被通过礼物来赢得,并且她们热衷于装扮和公开的炫耀。女人在政制的败坏中起着很大作用,正如将在第八卷和第九卷表现出来的那样。如果半个城邦未被按照城邦的德性来教育,那么城邦将不复存在。这是一个没有家庭的城邦,如果女人要接受它,她们就得克服更多东西,因为她们的天性致使她们最为热爱私人事物,并把男人引向相似的热爱。她们必须分享男人的旨趣,否则她们将抵制苏格拉底正打算提出的家庭变革。

其次,与战争密切相关的唯我独尊的(exclusive)男性特征,并非人性的整全,尽管它[*384*]对男人来讲可能显得如此。女性代表着温和,完全的灵魂必须兼有两种原则。《云》中的斐狄庇得斯(Pheidippides)和《高尔吉亚》(*Gorgias*)中的卡里克勒斯(Callicles),都认为苏格拉底是没有男子气的面色苍白之人——无所事事,爱讲闲话,不从事真正男人的活动。在《泰阿泰德》(*Theaetetus*)中,苏格拉底把自己比作一种女人,一个接生婆;在《会饮》(*Symposium*)中,苏格拉底叙述说他从一个女人那里学到了爱欲科学的秘密。正如一个城邦需要女性一样,灵魂也需要女性,但或许是以一种更为基本的方式。完满的人性是男性特质和女性特质的各自独立的(discrete)混合物。当谈论战士 - 护卫者时,女性可以被遗忘;但眼下这一讨论却是哲人 - 护卫者的一个预兆。

成功地迎接了第一个浪潮——对女人而言同男人一样的教育和生活方式,苏格拉底和格劳孔准备面对第二个浪潮——女人和孩子的共有。在有关这一提议的讨论中更少强调了喜剧要素;这里触及的问题除了是喜剧的主题,还一直是悲剧的主题——《安提戈涅》(*Antigone*)和《俄狄浦斯》(*Oedipus*)最为迅即地闪现在我们脑海中。苏格拉底和格劳孔同意推延讨论有关这一制度的可能性问题——按照他们已经采用的方式来说,亦即它是否自然的问题——代之以首先描述它以及它的益处。

护卫者阶层和辅助阶层的性关系,被处理得好像它们只是为了给城邦生产孩子似的。通过使性欲响应法律的命令,一种旨在使性欲理性化的努力被做出。吸引和爱情,就其自身而言,不知道任何礼仪、紧急情况、法律或国家的限制。它们对一个城邦而言最为危险,因为它们的力量如此之大,以致把所有其他情感都淹没在它们的强度之下,并且它们显示了一种就其本性而言非政治的人的要素。性激情可以被规训和压抑,但是,要使它只对城邦选择的那些对象,在城邦认为适宜的时间,以城邦认为适宜的方式作出反应,通常不被认为是可能的。但苏格拉底在这里做得好像把爱欲引向城邦的利益即便不容易也依然可行似的;否则,爱欲将不得不被保持为私人的、被压抑和被劝诫的,但它在某种程度上始终是一个怀有敌意的野兽,甚至在睡着时也是如此。现在统治者必须讲述很多谎言。这些谎言必须是比高贵的谎言更大的谎言。高贵的谎言比这些谎言更容易被相信，因为前者涉及起源，并且在一段时间后，将不会有那些起源的任何见证人留存下来去否认它；而在性问题上，性倾向(inclination)则将是一个反对统治者的谎言的永恒见证人。因此，苏格拉底求助于诸神。他说，婚姻是神圣的。但在这种对事物的安排中，婚姻只不过意味着一种临时的性关系，[385]因为没有任何私人的家庭，没有任何私人的孩子，且公民可能被期待拥有很多如此之类的婚姻。苏格拉底解释说，神圣的东西是有利于城邦的东西。美妙而频繁的性关系是对公共服务中的卓越者的奖赏；这将激发公民出色地完成他们的责任，并将确保那些具有最伟大德性的人生产最多的孩子。为了使这一系统生效，统治者将拥有很多不为较不完美的城邦中的统治者所分享的关怀；这些关怀在这些别的城邦中可能恰恰是喜剧的主题。

正如爱欲活动成为一个人的公共义务的一部分，结合的产物也将成为公共财产的一部分。家庭被废除了，除非一个人把城邦看作一个家庭。安提戈涅的问题不会产生了，因为在家庭和城邦之间没有任何冲突。高贵的谎言之意图被促进了：如果人们可能爱某些东西更甚于爱城邦，那就将会被剥夺所有这样的东西；所有人都是兄弟。但这带来的结果是除去了家庭中任何自然的东西，并代之以一个完全习俗的基础。一个父亲，如果他是什么东西的话，那就是产生孩子的人。一个不产生孩子的父亲将是一个完全虚假的存在(artificial entity)，充其量只是一个自然父亲的替代者。为了确保这个城邦的可能性，法律或习俗必须取代自然的位置。孩子将把他们会给予父母的东西转移给城邦。这也是完全不自然的。然而，这在我们关于人性的理解中并非全然没有根基。如果家庭——它在某种程度上肯定是自然的——仍是忠诚的唯一对象，那么氏族或部落将永远不能被超越。为了成为或者是城邦中的一员——或者是一个哲人——一个人必须与他原初的忠诚决裂。对人而言,肉体或血缘的纽带并不是唯一自然的事物;它们也不是最重要的事物。人们不但热爱他们的家庭成员,而且热爱那些他们认为好的人。然而,一个热爱别人的更好的孩子甚于他自己的较差的孩子之人,会被认为怪诞不经(monstrous)。血缘纽带维系并拥有一种它们自己的道德,这道德阻止心智在世界之上自由漫步;血缘纽带妨碍自然的满足。人们通常在对他们自己的东西的义务和对好东西的义务之间被撕裂。女人和孩子的共产主义,通过压制家庭纽带,用于解放人们对好东西的热爱。

如果家庭变成城邦,并且城邦变成自足的,那么最神圣、最令人敬畏的禁律就必定会被违抗。这个城邦中必然有乱伦。依据法律,城邦的所有成员都是最密切的亲属,并且他们将不知道他们的自然亲属。对大多数人来讲,没有什么比乱伦看起来更可怕了;[*386*]反对乱伦的禁律是如此强大,以致它甚至消除了其满足对象近在咫尺的欲望;这一禁律毫无疑问地就被接受,几乎无需被教导。俄狄浦斯的罪恶及其悲剧,悲剧的原型,涉及这一禁律。当被问及这个问题时,苏格拉底对它的处理就像他正在谈论与有关河流和海港的规定一样毫无争议的规定似的。因而,苏格拉底使阿里斯托芬的指控正当化了:他是家庭及其基本原则的敌人。俄狄浦斯的特别罪恶在这里确实被禁止,但只是因为他和伊俄卡斯忒(Jocasta)不处于生育的适当年龄。当苏格拉底说在特殊的情况下,并且如果德尔斐神谕(*the Delphic oracle*)允许,兄弟和姐妹就可以结婚时,他轻描淡写地处理了问题。正如格劳孔所见(463c),苏格拉底关于家庭的规定实际上意味着,城邦中的每个人都紧密相关;没有堂亲表亲,每个人至少都是其他每个人的兄弟或姐妹。对婚姻规定的审查将表明,甚至对乱伦禁律的更严重破坏在这个城邦中也可能无法避免。整个城邦中的关系将会像俄狄浦斯家庭中的关系一样混乱。苏格拉底为这种乱伦的情爱请求神圣的认同。考虑到这个城邦中将会发生很多爱欲的不当行为——正如亚里士多德所解释的(《政治学》第二卷第四章)——苏格拉底对问题的处理似乎相当漫不经心。

那么,这一激进的政策想要达成什么呢?苏格拉底论证说,城邦将成为一体,隐秘而自私的利益之恶魔将被驱除。苏格拉底把城邦比作各个部分共享同样的快乐与痛苦的肉体。然而,这个城邦尚未达到此等程度的统一,因为一样东西无法成为公共的:肉体。每个人的肉体都是他自己的。可以设想心智能被用来思考相似的思想(一种并非像它听起来那么令人讨厌的可能性;因为在某一时刻、以某种方式沉思同一真理的心智是相同的)。但是,如果有人踩了他的脚趾,没有其他人能够分享他的疼痛。因而,城邦的统一性取决于对肉体的同样遗忘,这已是贯穿整个交谈的一条金线。肉体妨碍了对共同好处的献身;它是欲望和隐私需要的来源。问题是,肉体需要导致整个生活方式和一套信念的建立,而它们与那些最有助于一个人的灵魂之完美或对真理之追求的东西相反。建基于肉体之上的生活方式,专注于获取保存和满足肉体的手段。保护这种生活方式的一套信念,涉及私有财产、家庭、公民秩序,乃至诸神。尽管这些信念仅仅服务于与肉体相关的[387]自私利益,不表达有关自然的真理,它们仍极其值得尊敬。人们强固地持有这些信念,并且似乎维续它们非常重要。这些信念束缚了人们的心智;它们是遮蔽了自然的习俗。

苏格拉底在此试图建构一个不为这类习俗所支配的政制,一个哲学在其中没有必要因为它与权威性的偏见相冲突而成为一项私人而隐蔽的活动的政制。阿里斯托芬可以帮助我们理解这些偏见的性质。在《云》中,当斯瑞西阿德斯(Strepsiades)发现苏格拉底教给了他儿子威胁家庭神圣性的东西时,他烧毁了苏格拉底的住处。只有一个不太多地关心家庭的人才会愿意容忍苏格拉底的教导。苏格拉底详细描述了一个政制,在其中,没有公民拥有家庭,因而,也没有人能够以家庭的名义变得不合情理。苏格拉底要求城邦成为一体,这跟要求肉体及其延伸——财产和家庭——被完全掌控相一致。如果这种掌控不可能,城邦成为一体也就不可能。我们将从这一事实中学到:哲学在根本上是一项私人活动,并且城邦必然总是为偏见所统治。而且,从言辞中的城邦之范例中,一个人将学到,为了成为一个哲人他必须在自身中克服什么。苏格拉底遗忘肉体,是为了使其重要性清晰可见。

简而言之,只有在像苏格拉底及其同伴已经建构的这样一个城邦中,苏格拉底应受谴责的对家庭的忽视和对过一种舒适生活所必需的劳动的漠不关心,才不会背负任何恶名。这个城邦被建构出来以回应阿里斯托芬的控告,即苏格拉底一定会为了他自己的衣食和扩充他的男性同伴社会而违犯法律。这个城邦将照料苏格拉底,并且他的孩子们将是他在雅典寻求的那种天才青年。在所有别的城邦中,苏格拉底在道德上都肯定会被怀疑是一个拙劣的丈夫和父亲。苏格拉底有力量承受这一责难;如果他严肃认真地关心这一责难,那么在尽力避免它时,他就会收敛自己的心智。由此,在眼下所考虑的段落中,我们看到了哲学的条件,以及必须为之牺牲什么。迄今为止,这个城邦的公民尚未拥有做出这些牺牲的充分理由。但如果哲学可欲,这些克服一切使一个人依恋特殊性的东西的努力就也可欲。苏格拉底可以赤裸着去别人穿着衣服去的地方进行沉思;他不怕嘲弄。他也可以沉思别人为之惊恐万状的性交;他不怕道德义愤。换言之,苏格拉底严肃地对待喜剧,轻快地对待悲剧。他可以在别人哭的地方笑，在别人笑的地方保持肃重。在《会饮》中，他说[388]真正的诗人必须既是悲剧诗人又是喜剧诗人，这暗示真正的诗人就是哲人。苏格拉底在此表明，拥有这两种天赋的人应当运用它们来反对流俗的悲剧诗人和喜剧诗人运用它们的方式；这种人应当轻快地对待悲剧，严肃地对待喜剧，从而颠倒二者的通常角色。有能力做到这一点的人业已是一个哲人。在这两种情形中，羞耻都必须被反对；因为羞耻是习俗筑起来的墙，它竖立在心智与光亮之间。通常的诗诉诸羞耻，并把其命令接受为法律，而哲学的诗则克服了羞耻。无论是在赤裸还是在乱伦的情形中，羞耻都是血气控制爱欲的手段，而这种控制是为了生存以及城邦的缘故。羞耻的效果是漫延的和微妙的，使可思考的东西看起来不可思考。为了对由羞耻引起的视觉扭曲有所意识并克服它们，心智需要英雄式的努力。

在讨论了女人和孩子的共有及其益处之后，苏格拉底和格劳孔转向这一政制的可能性问题。但苏格拉底似乎渴望回避这一问题，他把讨论转向了他们业已建成的城邦的对外关系，特别是它将进行战争的方式。城邦内部的变化引起城邦间关系性质的变化。在这一讨论中，虽然苏格拉底为格劳孔充满爱欲的和好战的脾性提供了得自战争的满足，但大体的意图，是为了缓和战争，并使其人性化。为达此目的，苏格拉底提出一种对野蛮人充满敌意的泛希腊政策。正如城邦的成员间的关系像是家庭的成员间的关系一样，希腊城邦间的关系将变得像是存在于城邦内各集团间的关系一样，而希腊人和非希腊人之间的关系将变得像是希腊城邦间的关系一样。因而，沿着这条脉络有一种敌意的总体上的减弱（不指望它可以被完全消除），甚至野蛮人也从变化中受益。以此方式，通过把与热爱一个人自己的东西相关的情感延伸到全体人类，也就引致所有人彼此都更为亲密：公民伙伴将成为兄弟，希腊人将成为公民伙伴，野蛮人将成为希腊人。在这一点上,苏格拉底接受了希腊人和野蛮人之间的希腊的或习俗的区分。然而,我们不应该想当然地认为苏格拉底受到了这一视野的限制;他是在对服从于这种限制的格劳孔说话。后来,当格劳孔已学到更多时,苏格拉底声称,这个好城邦可以或者是希腊人的,或者是野蛮人的。这一对城邦间关系的讨论把自然与习俗混合起来,是为了使人们更加亲密地在一起,并除去阻止承认一种共同人性的障碍,[*389*]同时却又不破坏使得政治生活得以可能的原则。

热切的格劳孔最后坚持,苏格拉底必须停止设法回避真正的(*the*)问题。苏格拉底必须说出这一政制是否可能。然而,格劳孔所谓的可能不再意指早先所指的含义。他想知道这一政制如何实现;他只对它的现实化感兴趣。因而,格劳孔遗弃了他在自己关于正义的第一篇演说中设立的标准——自然。那时,他想要的是一种证明,即正义按照自然而不仅仅按照习俗或人类的同意是好的;正义要被展示为以与健康同样的方式有益于人类的幸福。在讨论为女人像为男人一样安排生活方式的可欲性时,这一标准仍被维持着。通过显示女人的天性和男人的天性相同,并以自然的动物行为之例证来支持这一证明,格劳孔和苏格拉底满意于这一提议是可能的和好的。现在格劳孔只想知道,在尚未确定城邦是否自然从而是否好的情况下,它能否存在。最终,在没有查明他自己坚持过的东西对接受或拒绝城邦具有决定性的情况下,格劳孔似乎愿意接受城邦及其正义。显而易见,女人和孩子的共有,如果它会存在,那么将不会是自然而是技艺的产物;这将是技艺对自然的胜利。格劳孔想看到他的城邦化为现实的欲望,致使他忘了询问,这城邦对人而言是不是好的。可能性的含义发生了此种变化,其教训似乎是,尽管人按照自然存在,可城邦却不是,因而它处于一个比人更低的位置。

在关于政制之可能性的讨论的序言中,苏格拉底促成了对城邦的贬损,而这一贬损正是通过遗弃城邦的自然性问题开启的。苏格拉底使这一点清晰可见:这个正要被带入现实的城邦并非完全正义。正义自身在言辞中比在行动中存在得更多。在经过所有这些努力之后,这个作品自身被承认既不完美又不可爱,只因为它是对正义的一种模仿。在坚持一切都应该被献给城邦这一高峰时刻,下述这点变得一目了然了:没有什么城邦配得上这种关注,我们必须超出城邦之外去寻找实在。这是一个巨大的失望,并为一种对城邦的超越铺平了道路。

*473c - 487a*

无论如何,苏格拉底终于允许最后的浪潮——哲人-王——滚滚涌来,并把他自己的生活方式引进城邦。难怪苏格拉底犹疑着不肯说,因为他声称:

> [*390*]除非哲人作为王来统治,或者那些现在所谓的国王和首领真诚而充分地进行哲学探究,除非政治权力和哲学合而为一,而现在得此失彼、不能兼顾的众多庸碌之辈(the many natures)必须被排除,否则城邦就永远不能摆脱病患,我亲爱的格劳孔哟,我想人类也不能,在可能的范围内,我们如今已在言辞中描述的政制也将永不会从自然中产生,永不会看见太阳的光亮。①

---

① [译注]《王制》的编码是从327a到621d,而这段引文在473d - e,恰位于全书的正中。

苏格拉底料到，他会被淹没在对这一荒谬主张的嘲弄中。格劳孔完全同意这将是实情，并预期轻蔑将混合有愤怒。在对前两次浪潮的讨论中，笑声与义愤起了相当重要的作用，在此则以一种更为强烈的形式一起重现。

然而，苏格拉底的宣告很难特别震动现代人；对我们而言，它似乎比别的浪潮更少喜剧性、更不该受谴责。并不是说我们会很严肃地看待这种观念，而是说，我们在某种意义上是苏格拉底的工作的继承人和受益者，甚至正如我们还是使那一工作激进化的启蒙运动的孩子。部分因为苏格拉底和柏拉图在论证哲学之于公民社会的有用性上如此有影响，部分因为哲学的意义已经变化，我们不再相信哲学与公民社会之间存有一种张力。尽管我们可能怀疑哲人是否拥有统治的天赋，但我们已不会认为哲学活动对政治关怀有害。因而，对我们而言，哲人－王的观念自身并不荒谬。但是，恰恰因为我们想当然地认为对哲学的憎恶仅仅是偏见，并且历史已帮助我们克服了这种偏见，所以我们处于错失苏格拉底在此表达的要点的危险之中。为了理解这一段落，我们必须在与非哲学的和对哲学有敌意的背景的对比之下来看哲学，而哲学正是从这一背景中出现的。不仅仅是历史的好奇心应该促使我们做出这番努力。我们必须重新发现被遗忘的导致苏格拉底之难题的种种原因，以便对哲学和科学在我们世界中的作用做出评价，因为它们的作用可能比我们惯于相信的更值得怀疑。哲学是一种稀有植物，一种只有在西方才茂盛的植物；这或许正是西方的本质。哲学的地位并非在所有地方都能得到完全确保，而城邦的地位一直也是如此。柏拉图和少数其他人的著述使哲学令人尊敬。因而，《王制》代表了我们历史中最具决定性的时刻之一。在这部作品中，苏格拉底呈现了他被带入审判的缘由，并展示了，为什么哲学总是处于危险中，并总是需要一种辩护。

[*391*]了解苏格拉底提出的哲人-王统治之奇幻性格的最佳方式,是看阿里斯托芬的《云》,它展示了哲人是如何向城邦显现的。苏格拉底待在他的思想所(think-tank)中与不健康的人讨论天空的自然。苏格拉底粗俗且不讨人喜欢,在世界上任何人眼中都是一个滑稽可笑的角色。他在自然哲学方面的试验使他被蜥蜴弄脏了,他还把时间花在观看蚊子上,这等事是没有绅士会做的;这些虫子甚至大批滋生在他的衣服中。苏格拉底不相信雅典的诸神,拥有别的属于他自己的非凡的神灵;他吸引有前途的年轻人离开政治生活,加入他不寻常的研究中。他是一个看起来既古怪又堕落的边缘人物,完全没有任何常识。脑海中有了这样一幅自己的画像,苏格拉底在这里似乎要说:"好吧,这就是应该统治的人。"苏格拉底在自命不凡方面是荒谬的,在意图方面则是危险的,因而他激起了笑声和愤怒的反应。

在讨论的这一关头,苏格拉底论证道,哲学在这个城邦中是必要的;他并没有论证,哲学是最好的人类活动。讨论的主题不是哲学,而是正义,特别是一个正义的城邦。然而,对城邦的最全面讨论,导致——似乎与苏格拉底的意愿相反——对哲学的讨论。从关于政治人的常识开始,并始终保持着他们的视角,苏格拉底证明,他们必须容忍和鼓励哲学。这构成了一种来自政治视角的哲学辩护。哲学对这个政制、对最佳政制是必要的,因为如果没有哲学,政制就不能找到考虑过好东西之适当分配的公正无私的统治者。换言之,哲人是唯一一种将其注意力投入整全的认知者。政治家总是全神贯注于当下,但对当下的解释却依赖于某种关于整全的知识。如果正义意味着给予每个人对他而言适当的东西,一个政治家就必须知道人是什么,以及人和其他事物(beings)的关系如何。

通过声称哲人应该统治,苏格拉底对智慧和权力的关系明确表达了一个与启蒙运动相反的观点。从共同的假设——关于人和公民社会之目的的知识对公民社会有必要,或者智慧应该统治——出发,两种教导在谈到智慧的统治是否需要智慧之人来统治时就背道而驰了。启蒙运动的思想家教导说,智慧无须在哲人获取政治权力的情况下就能够统治;亦即,他们教导说,知识的传播将不可避免地导致好政制的建立。[392]苏格拉底则教导说,智慧和政治权力截然不同。两者集于一处只能归因于巧合,即一个智慧之人碰巧也是个统治者,从而把两者结合起来;他们两者的天性中没有什么东西把一个导向另一个。政治权力服务于城邦成员的激情或欲望,并且民众不能进行哲学探究。政治权力可能利用科学或哲学的成果,但它将使其服务于它自己的目的,从而将歪曲它们。而且,智慧之人自身之于政制更多地是一种威胁而非助手。智识的进步不同于政治的进步,并且由于心智的作品与城邦的作品之间不存在一种简单的和谐,所以没有权力的哲人必然与城邦及其信念保持在一种不融洽的(uneasy)关系中。启蒙运动使哲学遭受危险,因为它怂恿哲人牺牲他们对真理的寻求,以便尽力启迪公众;在一个"启蒙了的"世界中,哲学冒着成为不智的乃至僭主的政制之工具的危险,由此赋予这些政制以理性的色彩,同时丧失了理性作为这些政制的批评标准的作用。通过公开质疑城邦那虽不真实但却根本的信念,启蒙运动也使城邦遭受危险。如果哲人不能进行统治,哲学必然与城邦不相称。这意味着,哲学的真理必须在根本上保持为私人性的,并且哲人,同时为了他自己的好处和城邦的好处计,必须隐藏自己。哲人必须使他的公开教导适应他的特殊境遇,同时使他的思想不受其境遇影响。哲人的公开言辞,必须由审慎而非对真理的热爱所指导;哲人的哲学活动在根本上似乎是私人性的。因而,哲人－王实在是一个悖论。这一表述(formulation)[1]强调了哲学在城邦中的有益影响,以及城邦对哲学的需求,从而证明了一方对另一方是正当的;但是哲人和王的*巧合*(*coincidence*)之实现的高度不可能,也凸显了哲学和城邦之间的持久张力。城邦不能没有哲学,但是,城邦也不能完全容忍哲学。

苏格拉底料到他的对手会对他的立场展开富有血气的攻击,所以他必须准备好自己的辩护。他由区分哲人和非哲人开始。这一区分通过指涉哲人的两个显著特征而展开。首先,哲人对一切知识都拥有一种贪婪的嗜欲。哲人的好奇心不像一个工匠的好奇心,后者只是学习在狭义上有用的东西,其兴趣为其手艺所限制。哲人就像别人恋爱一样学习——仅仅因为学习自身看起来就是好的、就是目的;事实上,学习对哲人而言是一种充满爱欲的活动。热爱学习是人的*爱欲*,是人对整全的渴望的另一种表达。[*393*]这样一个想知道一切的人意识到,任何部分若是不被在与整全的关系中来考虑,都不能得到理解。苏格拉底简单地描述了罕见但富有启迪意义的现象——理论人(theoretical man),即证明了公正无私的知识之可能性的人。理论人是这样的人:甚至在最为直接地与他相关的艰难的属人问题上,他也能保持他的公正无私,因为他被清明(clarity)所吸引甚于被生命、欲望的满足或荣誉所吸引。哲人把一种理性的维度引入城邦,这一维度在早先对它的讨论中尚未被认清。

格劳孔反对说,基于这一对哲人的描述,所有爱看和爱听的人,尤其是节日——诗人在那时演出他们的戏剧——的热爱者,都得被视为哲人了。作为对这一异议的回应,苏格拉底阐述了哲人的第二个显著特征:他是每个事物的唯一*理念*而非分享*理念*的众多事物的

---

① [译注]指“哲人-王”。

热爱者,是存在而非生成的热爱者,是知识而非意见的热爱者。因而,苏格拉底引入了他最负盛名并构成其思想最艰难部分的教导——理念。这一教导在此被呈现给一个并非哲人的年轻人,而在上下文中,它并非首要的关注。因此,对它的处理最不充分,理念的存在是被假定而非被证明的。苏格拉底只不过试图使格劳孔确信哲人拥有不同于大多数人的对实在的关注。在此过程中,苏格拉底特别诉诸格劳孔对自己无比热爱的美的事物的个人经验。这一经验向格劳孔展示了,他所知道的所有美的事物在某些方面也是丑陋的,曾经美的事物变得丑陋了。这些美的事物似乎是在与某种完全美的标准合观时被理解为美的,接近标准的方式使它们美。那一标准是美的,而模仿它的事物同时既是(are)又不是(are not)美的。生成又消亡的事物,只不过是在它们分享了既不生成又不消亡的事物的意义上才是美的。理念是在变化的多(manys)——我们赋予其同样的名字——后面的永恒的一(ones)。因而,理念是可看见和可听见之事物的原因——之所以如此,不是因为它们解释了特殊事物的生成,而是因为它们解释了特殊事物的性质。人的理念是一个特殊的人之为一个人的原因,而非他可被简化成的诸多要素之集合的原因。因而,理念是哲学生活的正当理由。如果没有永恒的实体,如果一切都在流变之中,那么就不会有任何知识。知识,或科学,需要共相(universals),殊相(particulars)是其不完美的[*394*]实例;身为认知的存在,我们只关心共相。理念为共相赋予实在,从而使解释人拥有知识这一事实成为可能。理念是事物的存在(the being of things)。理念构成了一种对事物之第一因的描述,这一描述还充分兼顾了可见世界中摄入眼目的异质性。这一描述与对存在的更早期的、前苏格拉底式的描述不同,后者需要把所有事物都简化为一种单一的存在——比如原子——从而使那些事物的特殊性质无从理解。这一教导提供了可理解的、多样的、永恒的、普遍的存在,它们似乎是心智在试图定义或解释时所要寻求的。在寻找正义的过程中,苏格拉底和他的同伴们在寻找某种实在的东西,这东西比他们在人和城邦中发现的不完美的正义拥有更高的尊严,并可充当后者的标准。如果没有某种像是正义之理念的东西,那么他们的寻求就是徒劳的。

正是在这一对普遍原则的寻求中,理论人首先遭遇了构成城邦的非哲人的反对。后者效忠的不是一般而言的城邦,而是他们自己的城邦;他们热爱的不是一般而言的人,而是这一特殊的男人或女人;他们感兴趣的不是人类的本性,而是他们自己的命运。然而,在理论人看来,公民最为充满激情地依恋的所有事物都只拥有一种较为弱化的实在性;这些事物最奇特的东西,对实践人(practical man)而言构成其魅力的东西,都必须被克服,以便理解这些事物。对实践人而言,他所依恋的特殊事物是实在的事物,并且他将抵制任何超越它们以达到"更普遍情形"的企图,这种企图会摧毁它们的特性以及他把它们作为他自己的东西来占有的能力。只有通过贬低雅典以及人们可以在其中生活的任何其他城邦,哲人言辞中的城邦才会生成。对哲人而言,言辞中的城邦比任何特殊的城邦——它们对他而言只是言辞中的城邦的拙劣模仿——都更可爱、更实在。为了热爱存在(what is),哲人必须是一个不与别的人拥有同样需要的人;他必须已经克服——至少在思想中克服——他自己的生成(becoming)。对理论人而言,特殊的事物只有在它们"分享"理念的情况下才是实在的。特殊的事物不*是*(*are*)*存在*而是像*存在*。因而,热爱特殊事物的实践人,错把一个事物所像的东西当成了它所*是*(*be*)的东西。这样,实践人虚度了自己的生活,从未抓住过实在。但是,一定不能将这一点告诉实践人,他们必须被安抚、被欺骗,并且,他们能够对哲人宽容大度到什么程度,还无从确定,后者的兴趣是如此不同,如此相冲突。

在此,诗似乎再一次服务于多数人的典型弱点。因而,在提到像[*395*]哲人的非哲人时,格劳孔选择了那些热爱戏剧场面(theatrical spectacles)的人作为范例。诗自身持有(deals in)特殊事物的影像;它使用影像以赋予某人的特殊依恋更多的重要性,并美化某人的国家,以及他的爱好和渴望。在讨论的开始,修辞家特拉绪马科斯被驳倒了,因为他犯了错误,说一个事物是它所像的东西。在第三卷中,关于模仿的讨论提出了这一同样的问题。这是一个贯穿《王制》始终的主题。在其最通常的用法中,诗装饰特殊事物,并使其更具魅力,从而使其更难以被超越。诗之所以这么做,是因为它必须引起那些既不能又不愿做出那种超越的听众的兴趣。因而,诗是哲学的一个对手。

格劳孔同意,既然哲人在别人都在做梦的时候醒着,并且像是以真理为其模特的画家,那么,*如果*(*if*)拥有其他德性,哲人就会是最好的统治者。苏格拉底这样回应格劳孔所提条件中暗含的疑惑:他试图表明,所有的德性都已包含在哲人的天职中,因而哲人是好公民。由于哲人爱智慧,所有爱智慧的人都拥有所有的德性,并且比所有其他人都更为可靠,因为哲人拥有一个使其持有德性的充分理由。哲人不必努力变得有德性,也不必全神贯注于德性;出于哲人最伟大的热爱和快乐,德性不请自来。在其他人的情况中,正如阿德曼托斯指明的,他们热爱的一切都得牺牲在德性的祭坛上。与之相反,在没有任何牺牲的情况下,除了拥有理智德性外,哲人还将是节制、勇敢和正义的。最终,幸福与对在猪的城邦毁灭之后出现的城邦的献身之间的不和谐似乎有了一个解决。因为,哲人组成了这样一个阶层:他们可以稳妥地成为统治者,并且他们的幸福与其有德性的活动相一致。

然而,这可能更多是表面上而非实际上的解决,因为,哲人的德性与公民的德性是否完全相同,还令人怀疑。我们只需考虑哲人对真理的热爱这一情况,苏格拉底使其与战士的真实性(truthfulness)相类似。显而易见,我们可以在不讲述真理的情况下热爱真理,也可以在对真正的真理没有任何热爱或不作任何探寻的情况下有规律地讲述我们理解为真理的东西。同样,哲人的勇敢和节制与简单的公民的勇敢和节制也不同。哲人之所以是勇敢的,是因为他对永恒事物持续不断的专注使他多少遗忘了生命,而[*396*]非因为他屈从于城邦的关于什么可怕、什么不可怕的准则。哲人之所以是节制的,是因为他对真理拥有一种无节制的热爱,而非因为他抑制了他的欲望。最为重要的是,苏格拉底指出,只有通过表明有某些种类的事物是哲人可能要规避的,哲人才堪称正义。在第四卷中,当苏格拉底试图证明一个拥有健康灵魂的人将坚持正义时,他采用了同样的方法,并且他在那里承认,这只是一种粗略的检验。因而,哲人可能对金钱漠不关心,因为它在帮助他获取他关怀的东西上仅仅起到微小的作用,但是这里并未表明,哲人有一种使别人得到自己应得之物的倾向。而且,在哲人的天性中也没有任何会使他依恋城邦的东西。通过数次重复一个哲人德性的条目,苏格拉底暗示了这一点;所列的德性在这些重复的过程中略有变化。最重要的变化是,正义最终被省略了(比较 487a 和 494b)。未言明的教诲似乎是,在缺乏后来被称为道德德性的东西的情况下,拥有理智德性确有可能。

问题似乎是像下面所讲的某种东西。正如《王制》中所呈现的,德性可以得自两种可能的来源:城邦的需要和哲学的需要。出自这两个来源的德性有很多共同之处,但他们远远不是同一的。然而,苏格拉底的方法是要使两者同一,从而声称哲人与公民意义上的有德之人完全相符。然而,正是在做出这一有问题的认同的过程中,他帮助我们看到了两者的区别。这是一种陈述我们业已熟悉的肉体需要和灵魂需要之间张力的新方式。与城邦相关的德性帮助保存城邦,从而保存它的居民;保存,或者仅仅活着,便是目标。与哲学相关的德性帮助探求全面的真理;好生活才是目标。两种目标提出它们的需求,这些需求相互冲突。因而,有两种德性:哲学的德性和民众的——或流俗的——德性。

而且,在两种情况下,德性被热爱,都不是为了德性本身,而是为了德性之外的某些其他好处;或者,用康德式的(Kantian)语言来说,苏格拉底提出的德性系统是他律的(heteronomous)。格劳孔曾要求证明,正义自身就是好的。隐含着的苏格拉底式教诲是,根本不可能有任何这样的证明,自然不为与某种其他目的无关的德性提供根据。苏格拉底与功利主义者的唯一区别在于,他不认为肉体需要构成唯一目的。在苏格拉底思想中,[397]哲学或者灵魂的需要提供了指引人类行为的第二颗北极星。这一点缓和了对与肉体和城邦有关的好东西的无限制追求,这种追求刻画了由马基雅维里和霍布斯所开创的传统的特征;这一点也把一种崇高加入对德性的说明中,这在后来的思想中也缺失了。此外,这一点还把战士阶层的德性置于一种不确定的境遇。战士被要求为城邦而生,为城邦而死。战士被要求拥有比他们的自我保存所需要的更多德性,但战士并非哲人。那么,战士的德性的地位是什么?苏格拉底似乎否认了独立的道德德性的存在。这种道德德性是由亚里士多德提出的自身作为目的的德性,只因为自身是高贵的才被追求。苏格拉底提出了两种德性,一种低的和一种高的,但追求它们都是为了某种奖赏,在此意义上,两者都是唯利是图的。战士的德性位于两者之间的某个位置。德性,如果为了其他原因而被追求,就不再是我们通过真正的德性所意指的东西；从亚里士多德延伸到康德（Kant）的伟大传统可为此作证。但是，为了它自身而被追求的德性没有根据，并拥有愚蠢的色彩。这是苏格拉底式教诲。道德德性是不完全的房屋，分享了它的两种来源的庄严与悲惨（*Grandeur et Misère*）。①

*487b－503b*

阿德曼托斯感觉到这一对哲人之公共德性的证明不够充分，并把它与城邦的经验相比较，第四次也是最后一次以城邦的名义制止了苏格拉底。他的打断再次采用了控告的形式，但控告不再瞄准某些政治提议，而是瞄准哲人自身，瞄准困境的真正来源。根据阿德曼托斯，哲人通过其言辞的优越力量误导了人们，使较弱的论证显得较强；在最好情况下，他们对于城邦毫无用处，在最坏情况下，也是最通常的情况，他们极其邪恶。在所有人之中，哲人对城邦的奉献似乎最令人生疑。哲学总是拥有坏名声，而苏格拉底的义务就在于表明哲学的不名誉是那些憎恨它的人而非其从事者的过错。在履行这一义务的同时，苏格拉底还将向格劳孔证明，哲学是这么一样东西：即便它给一个人带来坏名声或者不义的名声，他仍想要追求它。如果哲学是灵魂的健康，从而是最高意义上的正义，那么不管名声如何，正义自身都是可欲的。这正是格劳孔一开始就要求的对正义的赞颂。

对哲学之困境的解释，被分为三个部分：真正的哲人被误解、被忽视；潜在的[*398*]哲人被败坏；冒牌货伪装成了哲人。若是被适当

---

① ［译注］法国总理克里蒙梭（Georges Clemenceau，1841—1929）在晚年写有 *Grandeur et Misère d'une victoire*（*Grandeur and misery of a victory*），*Grandeur et Misère* 一语似借自此书名。

使用,哲学就可被开脱罪责,并有利于城邦。这一吁求被诉诸作为一个整体的人民,而阿德曼托斯似乎代表了他们。人民的敌意被解释为误会和邪恶之人之欺骗的结果。人民被表现为可说服的,因为他们为人正派,而且并不存在真正的利益冲突。人民的这种温和是实现好城邦的必要条件,因此,在一处说明——它试图指出城邦将接受哲人为王——中,这一温和多少被夸大了。

苏格拉底以一个象喻(image)开始他的申辩,这是就要出现的数个象喻中的一个。这些象喻构成了一种苏格拉底式的诗,用于平衡苏格拉底已经对诗作出的强大攻击。正如我们曾了解到诗人通晓人类的激情,在这里我们将了解,诗人还拥有把人们引向真理的最强大工具之一。智识(intellect)并不直接感知理念;它只通过各种特殊事物来认识其存在。人必须理究(reason)他感知到的事物,以便认识其原因。倘若没有一种对现象的全面而深刻的经验,智识就是空洞的。影像(image)是心智的食粮;诗能够创造最为丰富的影像。在诗中,我们可以发现的对人的表现比我们可能拥有的关于人的任何经验都更丰富、更典型。使用诗化影像(poetic images)应该正如几何学家使用圆的表象(representations)一样——目的在于理解某种东西,特殊的圆只是一个不完美的影像。就其特性而言,诗促使人们忘记它的影像只是影像,也就是说,只是像画在沙子上的并非圆本身的圆;但是,它不必总是以这种方式被滥用。苏格拉底呈现给阿德曼托斯的象喻,有双重功能:它向他讲述了一个有趣的故事,这个故事把他引入一种更赞成哲学的倾向;并且,它促使他思考象喻的意义。阿德曼托斯必须像苏格拉底一样了解影像如何应用于哲学,以及影像在什么方面区别于它所显示的实在。因而,阿德曼托斯开始思考哲学,在某种程度上,他在进行哲学探究。

在苏格拉底的象喻中,城邦被比作属于人民的一艘船,人民被比作一个高大而强壮的船主,他还有点聋,视力也有欠缺,对于航海术一无所知。船主自己没有能力操控船,便把它转交给更为专注于确保权力位置而非航行技艺的船员。他们本应该从属于舵手,但是为权力而斗争的技巧(mechanics)成了一种技艺,而此技艺自身被当作一种目的。真正的舵手对于为[399]他的适当位置而斗争不感兴趣,被排除在外了。在这一象喻中,船员类似于没有统治者的战士阶层;这一阶层的首领仍然专注于属人世界,意识不到良好的航行需要有关数学和天文学也就是有关作为一个整体的宇宙的知识。这一知识看起来与他们的关注无关,并且真正的舵手被嘲弄。哲人,与《申辩》中暗示的相反,必须认识自然,特别是天空的自然,他之于城邦就像舵手之于航船一样必要。哲人只不过是被误解了,人民则是被误导了。哲人的知识在这里并没有被描述为某种对他而言自身可欲的东西,毋宁说,获取这知识是为了城邦;这一知识就像舵手或医生的技艺。哲人准备好并适合于服务,只要船的主人能够认识到他是多么必要。哲人的处境,或许可被恰当地比作格列佛(Gulliver)在小人国(Lilliput)中的处境。他太高大、太不同,以致不被信任;他太超越卑小而野心勃勃之人的诱惑,以致无法作为他们的工具;但是,如果小人国居民(Lilliputian)维持了对他的信任,他们本会既受益又变得更正义。对于哲人缺乏名声的这一解释,还充当了针对控告——即哲人探察天上地下之秘密——的辩护,辩护的方式不是否认哲人自己这么做了,而是坚持哲人这么做对城邦有价值。

在借助象喻解决了异议——哲人之于城邦一无所用——之后,苏格拉底转而解释为何有天赋的年轻人背弃了哲学。根据苏格拉底,他们的天分使他们能够在任何事情上都成功;健康的年轻人,通常试图在他们的共同体内最值得尊敬的方面胜过别人。城邦赐予的荣誉,吸引潜在的哲人投入政治生活。因为这些年轻人似乎拥有伟大的政治前途,堕落而野心勃勃的政治家希望利用他们,向他们允诺各种各样的好处,只要他们愿意采用城邦的通行惯例。并非像经常所说的那样,是智术师败坏了青年。苏格拉底说,智术师是无害之人,他们只是城邦激情的仆人。真正的智术师,真正的教师,是公共集会——人民的主权机构;它通过对赞成和不赞成的雷鸣般的表达来塑造青年的品味。一个贵族青年几乎不可能抵制住城邦的赞扬与责备,以及它提供给他的前景。允诺向这样一个年轻人教导真理的人,面临很多困难。青年自己不愿拒绝吸引他的诱惑。并且,如果教师成功地影响了他,难以控制的船员将迫害教师,因为这教师从他们那里抢夺了他们的权力的强大支柱。首先,教师将为威胁所恐吓;[*400*]最后,他将被带入审判,并作为一个青年的败坏者被判处死刑。而这教师试图去做的一切,是要教导真正的政治,它将使年轻人为城邦造福,同时惩罚城邦的欺骗者。当然,这样一个教师使他的学生远离了人民的短浅(immediate)且最为可见的关注,但他的意图是要为人民提供一种人,而人民愿意祈求拥有这种人作为统治者。苏格拉底宣称,像他自己这样的人并没有败坏青年,而是尽力从堕落中挽救他们。

由此,通过表明那些本可以成为真正哲人的人遗弃了哲学实践,苏格拉底试图驳斥有些哲人似乎邪恶的事实——苏格拉底宣称这些哲人是冒牌货。不够格的、渺小的人们,进入了由于那些本该真正填充它们的人被败坏而空闲出来的位置。这类冒牌货为虚荣所促动,他们对成为有智慧之名的人并赢得辩论比对成为智慧之人更感兴趣。由于他们愿意使较糟的论证看起来更强,故而他们就是哲人是修辞术教师这一指控的祸端。在这一可怕的处境中,真正的哲人是孤立的、没有防备的,不能帮助城邦。为了自我保存,他们不情愿地退回到私人生活中,尽管他们的真正天职是统治。

这些捍卫哲学的论证,是为了缓和人民的愤怒和忧虑。这些论证表明了苏格拉底认为必须如何与人民交谈。最重要的是,必须向他们显示他是一个好公民,即便他可能看起来无用,甚或邪恶。由此,苏格拉底坚持认为,这些表面现象只是一种致命误解的结果。苏格拉底真正是人民的朋友;他越过人民的统治者而直接诉诸人民。苏格拉底回应了针对他的最大指控——即,他是一个爱管天上地下各种闲事的人,一个青年的败坏者,和一个骗子。然而,苏格拉底对于无神论指控保持着沉默。

在论证了针对哲学的指控是不义的之后,苏格拉底现在着手提出,人民有可能接受哲人的统治。把城邦和哲人结合起来完全是一件困难的事情,但在这些段落中,问题看起来主要是要说服人民克服他们的愤怒。苏格拉底的辩护,似乎至少要说服一个与人民紧密相关的人——特拉绪马科斯。无论如何,苏格拉底现在宣布,特拉绪马科斯刚才已成了他的朋友。或许是因为特拉绪马科斯现在相信,苏格拉底对城邦而言不再是一个威胁;或许是因为他现在看到,他的修辞术在苏格拉底的事业——单靠哲学不能满足它的需要——中有一席之地。苏格拉底已经驯服了狮子,现在可以利用他来驯服人民了。在特拉绪马科斯的帮助下,苏格拉底将[*401*]在《王制》的梦幻中成功地做到他在《申辩》的真实处境中所不能做的。如果苏格拉底不能直接说服人民,或许我们在这一对话的过程中见识到的他的哲学修辞术,可以说服政治修辞家,而政治修辞家将转而说服人民。问题在于,要克服人民对看起来威胁他们自己东西之物的道德义愤。苏格拉底坚持认为人民最终将是温和的;但与此同时,他提到了如此众多的阻挡那种温和的障碍,以至于破坏了他的立场。苏格拉底论证道,有一种可能,人民将不会被一种想要转变他们的生活并把他们置于哲人——哲人将剥夺他们的财产——的绝对统治下的企图所激怒。但他的论证仅仅用于强调完成规划的极大不可能,即便不是完全不可能。

*503b－540c*

尽管如此,苏格拉底把不能进行哲学探究的城邦将接受哲学当作已被证明了的,他现在转向培养哲人的问题。但是,这意味着他必须论及哲学自身,而不再是对城邦产生影响时的哲学。结果,一个充满难以置信之美的全新世界出现了;格劳孔和阿德曼托斯被展示了一个意想不到的王国,从这一王国的立足点来看,一切显得都不同了。如果《王制》可被理解为一个逐渐的上升,我们业已到达顶峰。现在一切都必须依靠影像(images)来完成,因为,苏格拉底的学生没有任何关于哲学的个人体验,但他们却必须尊重它,以便拥有关于整个政治问题的适当视角。苏格拉底告诉阿德曼托斯,对正义的研究远非最为重要的主题,除非由另一个主题来完成,否则它就毫无价值,正是此时,他引入了新的主题。真正的科学——对它而言其他科学只起辅助作用——是对好(good)的研究。对彻底献给城邦的阿德曼托斯来说,这是一种惊奇。这一步超出了早先的认识,即正义的理念超越了任何可能的城邦。反之,正义的理念只是在对好的全面研究中论及的众多理念中的一个。

格劳孔坚持要苏格拉底讲述更多关于好的理念的东西,并再一次取代了他的兄弟在讨论中的位置。格劳孔是第一个要求根据好来说明正义的人,并且他的爱欲驱使他拥有好的事物。苏格拉底以一种意在吸引格劳孔的兴趣与激情的方式明确描述了好。格劳孔被告知了一种好,这种好使他原先在对正义进行攻击时说到的所有好的事物都变得可疑,并且获取它需要一种与僭主的生活方式截然不同的生活方式。苏格拉底依靠格劳孔知道和已经谈及的事物,引导他去理解好。[*402*] 他同意,所有的行动都是为了获取某种好,并且他渴望的任何事物都只是模棱两可的好。有很多好的事物,但它们都不是好本身。第五卷结尾的讨论得出结论,哪里有我们为其赋名的多(many),哪里就肯定也有一(one),它是构成多的各种殊相的原因,它是自身不需要任何条件的事物。因而,肯定有一种好本身,一种由好的事物分享的好的理念。一个人不是渴望那些事物,而是渴望好,它以某种方式存在于它们之中,但又不是它们。然而,好还必须是一个超级的理念,一个诸理念(ideas)的理念(idea),因为其他的理念,比如正义、人、美,也是好的。因而,这些其他的理念,很多的理念,都分享了唯一的好的理念。既然诸理念存在,那么好就是存在的源泉,但是,在它以一种不同于其他诸存在的方式存在的意义上,好超越了存在。好是整全的超验原则,是万物得以存在和存在得以理解的原因,联结了认知者和已知事物、好的热爱者和好的事物。正如人所经历的,好是快乐和知识的一种极其强大的结合。

苏格拉底告诉格劳孔,他不能把一种关于好的解释给他,因为他没有能力给出它,并且格劳孔也没有能力理解它。但是,他同意给予他一种对好之产物——太阳——的解释。太阳既是可见事物及其被看见的原因,也是有生命的事物存在的原因。太阳在可见世界中是什么,好在可知(intelligible)世界中就是什么。基于我们经由太阳所知道的可见世界,我们可以经由好的理念推测出可知世界。苏格拉底是通过画分线来做到这一点的,分线描述了事物的存在和理解它们的能力。分线表明,实在远远延伸到超出实践人曾梦想到的任何事物之外,并且,为了认识实在,一个人必须使用从未被实践人辨认出的能力。分线是宇宙的草图,它可以为哲学灵魂的抱负提供基础。这一景象的壮观,意在令心智之眼眼花缭乱(dazzle),

正如太阳令肉眼眼花缭乱一般。充满爱欲的格劳孔被告知,*爱欲*是灵魂对整全的渴望,成为存在之完满的渴望,认识万物之所*是*(*is*)的渴望。哲学,曾被引进来作为实现城邦之好的手段,并正被用作发现好本身的手段,结果成了目的——属人的好。

在把格劳孔引入这一神圣之美的神秘中后,苏格拉底转而详细阐述哲学灵魂[*403*]与城邦的关系。分线描述了灵魂从认识的最低水平即想象(imagination),向信念(trust)、思想(thought)、最终是最高水平即理性(intellection)的发展。但是,苏格拉底在此表明,这不是一个仅仅取决于天分和努力的简单运动。有强大的力量阻挡着哲学探求。发现这一探求,具有从束缚(bondage)中解放出来的特征。苏格拉底有很多象喻,在其中最为打动人心的一个象喻中,他把我们的处境比作囚犯在洞穴中的处境。我们为黑暗所包围,我们了解自己和世界的唯一方式来自对墙上阴影的观察。但是,尽管有黑暗,洞穴中也有一束光亮;我们拥有的暗淡阴影,就是因那束光亮而得以可能。而且,少数人可以从洞穴中出来。我们的生活混合了丑陋和崇高的可能性。启蒙运动,顾名思义,相信光亮可被带入洞穴,阴影可被驱散;在这一观点看来,人们可以生活在完美的光亮中。苏格拉底否认这一点;哲人不把光亮带入洞穴,他逃出到光亮中,并可以把少数人引向光亮;哲人是一个指引者,而非启蒙者(torchbearer)。照亮洞穴的努力会弄巧成拙:一部分人渴求阴影。光亮将被弄暗淡,将被歪曲;它在洞穴中不会提供真正的明晰。同时,那些拥有上升到光亮之冲动的人,则会被看似基于理性的神话所劝阻,以致再没有任何别的他们可向之上升的光亮了。因而,解放和灵感的唯一来源将从洞穴中消失。启蒙运动教导说,洞穴可以被改变;苏格拉底则教导说,洞穴必须被超越,而且,这一超越只能为少数人所完成。

只有通过不断回溯到分线,我们才能理解洞穴。洞穴在什么意义上代表了关于教育的人类处境?囚徒们据说戴着镣铐,并被迫看各种影像的影像——洞穴墙上的阴影。线段的最低水平属于阴影和映像,理解它们的能力被称为想象。这是被歪曲的、不清晰的影像的水平,而与其相应的能力也完全不可靠。为了辨别影像,我们必须把它们与以它们为影像的原物相比照。这些原物,是我们对其拥有自然意识的事物——植物、动物、人造物,等等——亦即我们通过感觉意识到的各种多。理解这些原物的能力或许可被称为信念,它是知识的起点。我们对这些事物不拥有充足的知识,我们也不能解释我们如何认识它们,或者我们如何[*404*]确定它们的存在,但是,它们是我们通往实在的入口,是把我们引向原因或理念的暗示;线段的更高水平专注于对这些现象的解释。我们对它们的意识虽不完全确定,但是,一种对它们的普遍怀疑将会把我们引入虚无;它将不留给我们任何东西。它之所以被称为信念,正是因为它抵制了对于它所理解的东西之存在的怀疑。知识或哲学是对这一自然意识的澄清和表达。想象之所以不是知识的起点,是因为它既不能区分什么仅仅是一种阴影,亦即一种由我们的心智视力之特质或起反映作用的媒介之特质所导致的歪曲,也不能区分什么是对实物的精确反映。只有意识到一个影像只是一个影像,才有可能判断它的真正特性,而为了拥有这一意识,想象必须得到信念能力的援助。

但是,谁经常相信影像是真实的事物呢?谁错把映像(reflections)当作被反映的东西呢?为何苏格拉底坚持我们的处境是错把影像当实在之人的处境?这么说似乎更合理:我们太把实物(objects)当真了,我们没认识到原因或第一原则的重要性和更高的实在。怎能说我们是被束缚在线段的最低水平?答案似乎是:洞穴即城邦,我们对城邦的依恋把我们束缚在关于事物的某些权威意见上了。我们不是将人们看作他们所是的样子,而是看作他们被立法者和诗人所呈现给我们的样子。一个希腊人看事物的方式,不同于一个波斯人看事物的方式。我们只需要想一想如第五卷中讨论的赤裸问题,或者牛之于印度人的重要性与其他人相反,以便认识到,由法律或习俗所建构的各种各样的视野是多么强大。立法者和诗人是这些视野的制造者;或者,用洞穴象喻的象征来说,他们是携带雕像和其他事物——囚徒看见了其映像——的人。这些实物不是自然的;它们自身是自然实物的影像,被精巧的技艺制作得看起来像它们的原物,但同时却被改造以满足那些技艺家们的特别兴趣。换言之,我们并非直接看见事物,而是通过我们被教导的有关它们的意见来看见事物。这些意见不是对自然的精确反映,而是被改造以适合城邦的需要。这些意见专为使一个人热爱其城邦而被设计出来,因而,它们必须使城邦具有各种特别的重要性,而其自身在自然中却没有任何根基。理论人不会相信这些意见,作为理论人,他对这些意见从而对它们所捍卫的城邦没有任何特别的关注。但是,公民的世界总是一个自然与习俗的混合物,并且这也是我们所有人的世界。首要和最艰难的[*405*]任务,是分离按照自然存在的东西和仅仅由人所制造的东西。我们的洞穴墙上的图景看起来非常真实,表象(representations)①的两个来源被技巧性地缠绕在一起。我们之所以依恋幻想(illusion),是因为它建构了我们自己的世界,并为我们的特殊存在赋予意义。

哲学或科学,仅仅关怀人或城邦,而非这一特殊的人或这一特殊的城邦。几乎没有人——且绝对没有城邦——可以忍受这一观点。在色诺芬提供的对苏格拉底之信念和实践的解说(《回忆苏格

① [译注]表象兼指映像和影像。

拉底》第一卷第一章)中,苏格拉底举例阐述了这一点。苏格拉底常常告诉他的朋友,技艺或科学可以教给一个人如何很好地播种或如何很好地建造房屋,但它不能告诉他,他是否将收获他已种下的作物或住进他已建造的房屋。科学对个人的命运漠不关心。那些对此难以忍受的人们,需要一种理性的补充物;他们必须求助于德尔斐神谕,求助于神圣,以便满足自己。因而,正是我们对自己的东西的热爱,把我们束缚在洞穴中,为了向上移到知识的分线,必须克服这一强大的激情。这么做的必须离开其亲属的人,会被那些人视为一个叛逆者,他将放弃提供给加入他们的自我欺骗行列之人的奖赏,并面临遭受他们的法律所规定的惩罚之危险。这些都是把我们和洞穴及其影像捆绑在一起的种种束缚。打破这些束缚需要罕见的激情和勇敢,因为我们灵魂中的狮子——血气——守卫着地牢的大门。

分线和洞穴教导我们,有两种对心智的致命诱惑。第一种诱惑来自这样一些人,他们坚持洞穴中影像的重要性,并指派他们自己当那些影像的保卫者,这些人从而是哲人的指控者。他们通常是具有很高智力的人,由于不愿弃绝他们及其人民的特殊经验的魅力和重要性,他们被迫憎恶理性。他们是任何导向普遍性之物的敌人,是任何会倾向于摧毁异质性、特殊性和独特性之物的敌人,是它们依附其上的各种方式的敌人。这些人的支配性特征是虔敬,而虔敬时常转化为盲信(fanaticism)。这些人位于人民的领袖之列,并充当人民信念的保护者。对他们天性的这一解说,矫正了人民可以轻易被说服接受哲人为王的这一观点。

另一个巨大的诱惑则来自这样一些人,他们过于轻易地被解放出来,且未在洞穴中学习他们必须学习的有关人和灵魂的东西。这些人位于线段的第三水平,以数学家为最佳代表。他们逃避到一个具有普遍性的世界中,并为自己命令和[406]解释那一世界的理性能力所迷醉。可以应用到所有事物的数的同质性,允许他们把世界上所有的特殊性简化为统一性。他们易于遗忘他们自己的开端或原则本就令人怀疑,易于遗忘不同种类的事物具有自然异质性;他们对性质上的差异,从而对理念,是健忘的。正如虔敬的人因为理念威胁了他们的世界的异质性而对理念抱有敌意,这些有能力的人因为理念威胁了他们的世界的同质性而对理念抱有敌意。这些就是在观望天空时掉进窟窿中的早期哲人,阿里斯托芬嘲弄的就是这些人,因为,他们的科学不能理解人这一唯一有理解能力的存在。这两种诱惑为人的两种最高贵的技艺所援助:诗和数学。这两种技艺都是必要和有用的,但二者都倾向于使自己摆脱哲学,并强化对哲学的敌意。为了抵制这些诱惑,一个人的理性必须既勇敢又节制。在他对哲学的改革中,苏格拉底展示了这些德性必须被结合起来的方式。一个人必须在他探求所有事物的第一因时以及在他拒绝接受洞穴的神圣意见时,是勇敢的。但他也必须是节制的,并因害怕被刺瞎从而无法辨别不同种类的事物而不直接看太阳。他必须只看太阳的映像和太阳所照亮的事物;也就是说,他一定不能试图直接领会存在,而必须努力在关于不同种类的存在物的意见中去辨别存在。辩证法,友好谈话的技艺,正如苏格拉底所实践的,是这一勇敢和节制的混合物。

在这里给出的对洞穴的描述中,一个人从他的枷锁中解放出来,并不是通过他自己的努力,而是通过一个迫使他转向光亮的教师。这一转向的实际典范被表现在《王制》的情节中。年老的克法洛斯拥有关于正义的意见;在对正义的探究中,我们不是通过设法观看正义或建构定义,而是通过检审这些关于正义的意见来开始的。克法洛斯持有关于正义的两种相互矛盾的意见,但是,这两种意见对他的正义理解而言似乎都有必要。我们从而被迫去寻求另一种更充分的意见,它可以理解被相互矛盾的意见所遮蔽的现象。深思熟虑的观察者认识到,人们在洞穴中的各种意见自相矛盾,因而它们事实上毫无意义。但正是它们的矛盾使其超越自身,指向更可理解的意见和不容许这种含混性的事物。诸多矛盾的意见被一个全面的意见所勾引。从共同持有的意见开始,辩证法将导向一种最终的[*407*]一致。正是这一活动能够指引我们发现自然事物,并且它暗示,我们从如我们所见的现象开始,并在一种澄清现象的努力中严肃地对待现象。只有通过我们被监禁,才能实现一种解放;我们关于事物的言辞,如果适当地被检审,就是光亮在洞穴中的映像。

解放一旦实现,就导致伟大的幸福;灵魂与它恰适的对象一起从事恰适的活动。结果,这个获得了自由的人对洞穴及其阴影和居民,都持一种强烈的轻蔑态度。他总是想生活在洞穴外的光亮中;别的人不知道他们是奴隶,所以他们心满意足;但他知道这一点,并难以忍受生活在他们中间。城邦中没有什么有助于他的特殊快乐,并且他也不想从城邦那里获得任何东西;他不像所有其他人所是的那样是城邦的一个潜在利用者。最终,寻找公正无私的统治者的问题解决了。但同时也变得清楚的是,哲人不想做统治者,哲人必须被强迫。强迫是必要的,因为修辞术不能欺骗哲人。现在局面扭转过来了。先前哲人似乎急于统治,必须被说服的是顽劣的大众。在对哲学之本性的探究中,下述这一点仿佛是偶然出现的:哲人不想从城邦那里要任何东西,哲人的沉思活动绝对引人入胜,没有为统治留下任何时间或兴趣。因此,如果哲人将要统治,一定是城邦强迫他们这么做的;不让人民知道哲人的王者技能(kingly skills),这正符合哲人的利益。这是一个完美的循环。必须说服人民接受哲人;但首先必须强迫哲人去说服人民强迫他们进行统治。谁愿意这么做？这不是双方之间交流的一个偶然困难；它立基于真正的利趣(interest)冲突。

格劳孔反对强迫哲人返回到洞穴的不义。这是不义这个词在最充分意义上的不义：返回将与哲人的好处相悖。或者用对正义的简明表达来说：城邦将强迫一个人做两件工作，既做哲人，又做国王。已经变得完全明显，与第四卷中提出的政治的观点相反，理性的生活拥有它自己的品格，这种品格大大不同于实践人的计算。一个国王的活动与一个哲人的活动不同。正是在详细描述好城邦的关头，我们看到，好城邦不能实现它的意图，从而是一个失败。起初是要创建这样一个城邦：在其中，每个成员的义务都与他的自利相同一；在其中，彻底的奉献是可能的；在其中，正义的普遍要求[*408*]没有破坏城邦的法律；在其中，没有任何主张超出城邦界限之外。这将是一个没有界限的城邦。但现在明显的是，在决定性的方面，城邦不是自然的：它不能理解人的最高活动。我们现代人习惯于坚持几乎每个反对公民社会的主张都是正当的，但苏格拉底否认这一点。只有一种主张，其尊严比城邦的尊严更伟大；只有在这个关头，城邦的界限才变得清晰起来。

从灵魂对整全的渴求这一行为的壮观来看，城邦显得非常丑陋。这是真正的喜剧——以无限的严肃看待城邦，用一切技巧美化它，使它成为一个名副其实的美好城邦(Callipolis)，然后发现，与本应该像它的灵魂相比，它是一个将被鄙视的事物。这一美的城邦(fair city)，如此众多的渴望之目标，现在看起来像是一个洞穴，它的幸福公民则像是囚徒；它可与阿基琉斯抱怨的冥府相比，对它的依恋是一种愚蠢。从城邦的观点来看，哲人看上去滑稽可笑；但从整全的观点来看，则是公民看上去滑稽可笑。苏格拉底询问这两种境况究竟哪一种更具有权威性。阿里斯托芬的喜剧是人间喜剧，苏格拉底的喜剧则是神圣的喜剧。①

只有哲人可以为城邦提供一个能够指引其行动的目的。普通的政治家服务于城邦,并试图为它的保存作准备,但保存仅仅是行动的一个条件,而非目的。只有知识似乎拥有自身就是目的的特征。但哲人与城邦没有任何关系。实践德性只有在被理解为理论德性的手段时才能被证明是正当的。但城邦不能把自身视为哲学的手段。哲学和城邦的这一结合是未婚先孕引发的被迫婚姻。公民不会为了哲人的安乐而当奴隶,把自己视为达到不为他们所分享的目的之手段;而哲人,尽管也需要保存,却能以没有统治那么繁重的方式来解决保存问题。

城邦与哲学之间的这一不相称,在提出哲学教育时,变得比以往任何时候都更明显了。格劳孔和苏格拉底同意,学习必须服务于战争和思想,因为这些是身为哲人的国王的两项基本活动。但在讨论的过程中,政治上相关的学习内容逐渐减少了,最后他们被迫遗弃这一观念:哲学学习与城邦中的行动有关。苏格拉底甚至责备格劳孔由于他的实践关怀——这也是苏格拉底自己先前坚持的——而妨碍和歪曲了哲学教育。现在,更高级的学习的唯一正当理由,便是哲学。

[*409*]苏格拉底在对话的过程中已经证明,所有的城邦都需要智慧的统治,而智慧意味着关于真正的整全或第一因的知识。苏格拉底已表明,只有哲人关心这种知识,从而是唯一真正的潜在统治者。但是,苏格拉底并未表明这种知识是可能的,也没有表明任何人可以现实地通过认识可被认识的一切而使自己从一个爱智慧的人转化为一个智慧的人。这也是城邦之可能性的一个前提。正如

---

① [译注]"人间喜剧"和"神圣的喜剧"(神曲),两语分别借自巴尔扎克和但丁。

苏格拉底业已夸大了城邦接受智慧的可能性情况,他现在夸大了一个人变得智慧的可能性情况。他似乎说,哲人将完成他们的工作,并认识到好的理念。但是,心智的眼睛是否能够在不被灼伤(dazzled)的情况下直接注视好,正如肉体的眼睛是否能够在不被灼伤的情况下直接注视太阳,是令人怀疑的。正如苏格拉底通常所教导的,哲学拥有一种未完成的和不可完成的探求之特征。如果真是这样,那就意味着哲人不能统治,因为他不知道为了统治他需要知道什么。哲人是好公民,因为他在努力获取城邦最需要的东西,但是他还没有成功地获得它,所以他和城邦都是不完全的。此外,哲人比一个智慧之人拥有更少的时间进行统治,因为他紧迫的事业尚未完成。哲人的无知,以及由此导致他缺乏可利用的自由时间,两者都妨碍他进行统治。

实现最佳政制的最后条件是,那些强迫哲人成为国王的人必须放弃他们的城邦、土地和孩子,不把任何超过十岁的人留在城邦中,以便孩子们可被赋予一种全新的灵魂构造(formation)。苏格拉底无动于衷地宣布这一条件,好像全体公民(citizen body)放弃他们为之生活的所有东西很容易实现似的。这必须是一种自愿的放弃,因为哲人还没有培养出一种可用以强迫人民的防卫力量。完美的城邦被揭示为一个完美的不可能性。

那么,在一个不可能的城邦上花费这么多时间和努力有什么用?——正是为了显示这个城邦的不可能性。这个城邦恰恰不是任何城邦,而是一个为了满足正义的所有需求而被建构出来的城邦。它的不可能性,表明了一个正义政制之实现的不可能性,从而缓和了一个人在看到不够完美的政制时可能经受的道德义愤。倘若改革或革命的目的有问题,那么这改革或革命的极端精神就失去了根据。倘若对人间正义的无限渴望只不过是一场梦幻或一个祈祷,那么以这正义的名义流血就从理想主义变成了犯罪。法西斯主义的革命是以完美[410]政制——它将是革命的结果——的名义发动的。如果一个人确信人类无穷无尽的后代将享受正义的果实,那么即使数百万人现在死去又何妨?苏格拉底思考了所有改革者或革命者的终极旨趣所指的目的,但这些人自己却没有对这目的给予充分的关注。苏格拉底显示了一个政制为了坚持正义而必须是什么,以及为何这一政制是不可能的。政制可以被改善,但不能被完美化;不义将永远持存。因而,改革的适当精神是节制。苏格拉底建构他的乌托邦,是为了凸显我们所谓的乌托邦主义的危险;就此而论,这是迄今为止所书写的最伟大的政治理想主义批判。通过展示城邦所能要求和期盼之物的界限,《王制》有助于节制对政治正义的极端激情;同时,《王制》还展示了不节制的欲望可被有意义地导往的方向。在对话的开始,格劳孔和阿德曼托斯就为政治正义设立了最为严格的标准。为了设法满足这些标准,他们必须建立一种可怕的僭政,但却必将失败。苏格拉底首先把他们引向其愿望的满足,然后超越它,以到达一种不依赖于人的天性之转变的满足。为完全正义的城邦而奋斗,不仅向普通人提出了不合理且专制的要求,也滥用并误用了最好的人。在苏格拉底对人的处理中存在着温和性,他的视野从未被道德义愤的黑暗所遮蔽,因为他知道什么是可期望于人的。政治理想主义是人类最具破坏性的激情。

在苏格拉底对一个城邦的提议中,西方人对正义和好生活的所有渴望都被给予了表达和满足。它是这样一个政制:在其中,人们的能力不会因贫穷、出身或性别而被拒绝运用;在其中,对家庭和城邦的偶然依恋没有限制一个人对好的理解和追求;最后,在其中,智慧而具有公共精神的人为了共同好处而进行统治。但是,这一政制只有以其他珍贵事物——我们不那么合理地但或许更为强烈地倾向的事物——为代价才能获得。这些事物便是财产、家庭和一个人出生的城邦——一个人可以作为他自己的东西来热爱的所有事物；这些事物无处不在，并在哲学出现之前就存在已久了。对大多数人而言，这些事物不仅构成了生活的魅力，还为可以赋予普通人尊严的大部分德性的获取和践行提供了机会。如果理性需要苏格拉底的城邦，那么，对家庭和朋友的热爱、爱国主义乃至英雄主义，则要求更古老的那种城邦。人的双重性导致不可能解决这一由两种好引起的[*411*]问题。每一种正派的政制都是两者之间某种并不稳定的妥协。苏格拉底的规划，以一种喜剧精神，提出了代表灵魂的一面的胜利，亦即最好的那种人几乎可以完全投入的一面、唯一理性的一面的胜利。非野蛮的社会是通过对人的这部分渴望的开放而被定义的；这一对哲学的开放，正是文明之定义，它还带有一种希望实现哲人－王政制的趋向。这种开放正是洞穴中的光亮，苏格拉底和那些接近他的人在其星星之火（infancy）受到严重威胁时奋力保存它。但是，遗忘人的另一面——忽略苏格拉底之提议的反讽意味——也是一种致命的错误。通过表现得好像历史已经克服了肉体和灵魂之间的永恒紧张，一个既不满足肉体也不满足灵魂的社会被建立起来。这样一个社会创造了一个被人造的光所照亮的普遍洞穴，因为人们尚未做出必要的牺牲以达到真正的世界主义，但却已经被剥夺了那些可赋予他们以深度的种种依恋。启蒙时代的思想家们保存了苏格拉底的终极目标，但却遗忘了苏格拉底所坚持的这一看法——自然使得这些目标对大部分人而言是不可能的。只有通过歪曲或限制人的视野，人天性中的永久的二元性才能被克服。

《王制》最终教导的是，对哲人而言，作为彻底献身给城邦的正义不可能是完全好的；因而，对其他人而言，这一正义在某种程度上也成问题。对哲人而言，把自己奉献给城邦既不会导致人类的拯救，也不会导致他自己智慧的提升。然而，哲人不得不生活在城邦中，必须依靠他人来保存自己；因而在城邦中，哲人必须关心至少是少量的正义。但这一关心仅仅是必要的，其自身并不可欲。对格劳孔的问题——正义自身是好的，还是仅仅在工具的意义上是好的——的回答是，被构想为献身于城邦的正义仅仅在工具的意义上是好的。但是，有一种对朋友的帮助也有益于哲人。有一些年轻人是哲人的灵魂为之喜悦的，因为这些年轻人拥有与哲人自己的灵魂相似的灵魂，是潜在的哲人；这些人甚至可能在哲人未完成的探求智慧之旅中帮助他。格劳孔自己很可能就是这些人中的一员。之于大多数公民，哲人关心的只是不伤害他们而已，哲人的正义因而拥有一种沉重义务的特征。之于有前途的青年，哲人关心的则是给予他们[*412*]积极的好处，哲人的正义因而拥有爱的特征。为了这对城邦之子们的情感，哲人必须总是与城邦进行一场竞赛。虽然哲人对城邦拥有义务，但他总是与之作战。

# 第八、九卷

*543a – 569c*

详细描述最佳政制以及与其相应的生活方式，并没有充分回应格劳孔的原初要求，这一要求是把正义之人的生活和不义之人的生活在其幸福方面作比较。在其赞同不义的演说中，格劳孔描述了不义之人的生活的优势；对那些被声称的优势，必须依照格劳孔在对话过程中学到的东西再一次进行考量。如果格劳孔想要改变信念，他就必须比较先前吸引他的东西和他已开始赞慕的东西。这便要求既展现城邦与灵魂的好政制，又展现城邦与灵魂的坏政制。

遵循对话的假设，城邦是大写的灵魂，苏格拉底首先转向对劣等城邦的讨论。城邦与灵魂的对应在此被维持着（正如在第四卷中一样），尽管事实上这种对应已极其可疑。这个方法拥有修辞优势，使在城邦中被公认为可欲的正义在灵魂中显得同样可欲。当格劳孔看到并被迫承认由僭主统治的城邦是一个可怕的地方时，他便更为轻易地被劝导视僭主为一个可怕的人。

在为了格劳孔的利益而准备哲人和僭主的直接对质时，苏格拉底利用了阿德曼托斯及其特殊品格。自始至终，格劳孔和阿德曼托斯一直互相平衡，并且他们作为对话者完全匹配。没有他们的特别品格和苏格拉底对它们的明智（judicious）混合，城邦在言辞中的建立就不可能。格劳孔是勇敢的、有男子气的胜利热爱者，一旦他看到好东西,他的爱欲就直接引导他赢得它们,而他的血气则在他的努力中援助他。格劳孔是促成对话进展的原因:是格劳孔想要去比雷埃夫斯观看节日庆典的;是他为了苏格拉底和他自己而决定听从玻勒马科斯和阿德曼托斯,并留了下来;是格劳孔被苏格拉底对统治报酬的讨论所困惑和吸引;是格劳孔坚持继续关于正义的论证,并最为令人信服地描绘了不义的优势。还有,是格劳孔的嗜欲(appetites)迫使遗弃猪的城邦,也是他强迫苏格拉底讲述所有的德性,引进哲人-王,并讨论好本身。格劳孔的发烧般的热情(feverish intensity),是把讨论向前推到最大创新和最极端满足的动力。

[*413*]相形之下,阿德曼托斯则是一个节制的人和一个悲剧诗的热爱者。他的血气指向内心,这使得他颇为严肃。因而,他是一个比拥有很多强大欲望的格劳孔更为可靠的公民。阿德曼托斯是一个道德主义者和一个公民生活的保卫者。他正是通过允诺有趣的景观而说服格劳孔和苏格拉底在比雷埃夫斯加入小共同体的人。是阿德曼托斯帮助苏格拉底建造了健康的城邦,他也对它感到满足。阿德曼托斯是净化发烧的城邦的代理人。并且,最重要的是,他是苏格拉底的指控者,是强迫苏格拉底停下来向城邦证明自己正当的人。阿德曼托斯以被格劳孔和苏格拉底的非习俗性观念所冒犯和威胁的政治人的名义说话。他指控苏格拉底不让战士幸福,剥夺他的朋友对共产主义的充分讨论,把无用或邪恶的哲人作为统治者强加于城邦。阿德曼托斯对城邦的创建是必要的;同时,他对惩罚肉体激情也是必要的,而惩罚肉体激情则是格劳孔之改革的前提条件。正如格劳孔因为是法律的一个潜在颠覆者而是危险的,阿德曼托斯因为是哲学的一个潜在指控者而是危险的。正如格劳孔因为倾向于哲学而可以是有用的,阿德曼托斯则因为倾向于公共精神而是有用的。

在第八卷和第九卷中,阿德曼托斯最终停止作苏格拉底的对手,成为他全心全意的拥护者。因为这时城邦已在言辞中建立起来,苏格拉底是它的一员;从而,在保卫这个城邦时,阿德曼托斯也在保卫苏格拉底。阿德曼托斯的道德主义和道德义愤,现在服务于一个专注于哲学的城邦,他是保护它免受威胁的人。阿德曼托斯先前是一个斯巴达的赞慕者,并把斯巴达作为批评人和城邦的标准;通过向阿德曼托斯展示新城邦拥有斯巴达的所有德性且是对它的一个伟大改进,苏格拉底诱使阿德曼托斯遗弃了那一标准,赞同《王制》的城邦。斯巴达标准促使阿德曼托斯谴责不与其相符的行为,这意味着,他在谴责很多恶行的同时也谴责哲学。现在,以他的新标准,他仍将谴责那些恶行,但他将在哲人身上看到最佳政制之神圣余晖,而非时代的腐败征象。为了加强阿德曼托斯对这个政制之实在性,从而对使用它作为标准之正确性的信念,苏格拉底建构了一个神话,它使阿德曼托斯确信,好城邦在很久以前的确存在过。这个政制不仅是可能的,而且它(并非斯巴达或任何古老的雅典政制)是真正祖传的政制,从而应该得到像阿德曼托斯一样倾向于视祖传事物为好之人的尊敬。而且,苏格拉底以这样一种方式讲述故事,以致[*414*]阿德曼托斯将不会在试图重建这一祖传政制时犯下任何蠢行。祖传政制无可挽回地成为过去,当前政制的任何变化都只能导致一个更坏的政制。因而,苏格拉底使阿德曼托斯变成了一个保守主义者,并抵消(neutralize)了他具有潜在危险性的理想主义。阿德曼托斯将不再热爱他生活在其下的民主制,但他也不想目睹它被推翻;他将支持这个政制中最好的东西,并尊敬在被它统治的城邦中生活的哲人。以这种变更了的视角,阿德曼托斯和苏格拉底一起评判了各种不完美的政制和人,从而为格劳孔对僭主生活的判决搭建了舞台。

在第八卷和第九卷中,苏格拉底勾勒了一门政治科学的大纲。这一展示为五种基本的政制和五种生活方式或五类与这些政制相关的人给出了图式。从而,这为给政治现象分类并理解其原因提供了一个基础;进而,这样的知识为政治思虑与政治抉择提供了指导。政制被视为最重要的政治事实和所有其他事实的原因。政制与占据统治职位之人的阶层或种类一致。当这一阶层变化时,城邦的生活方式也变化了。政制决定了法律、教育、财产、婚姻和家庭的特征。因此,政制是任何如下之人必须加以研究的:他对于政治——对他的生活或对他对好生活的追求——所产生的影响感兴趣。这是最重要的问题,一门相关的政治科学被谋划出来回答这一问题。不同种类的政制被其明确目标所区分,而这些目标得自人们可以选择的生活方式。真正不同的政制和人,源于原则上重要而不可化约的差异。苏格拉底提出,智慧、荣誉、金钱、自由和情爱是人们追求的目的,为了它们,人们可以利用政治秩序;这一原则或那一原则的支配性地位,产生了人们生活中的非常不同的维度。健康的灵魂是评判政制的标准和理解它们的关键;健康的政制则是为健康灵魂的发展留有余地的政制。这样一门政治科学更近似于医学,而非数学。政治科学必须是可评估的;正如一个医生必须知道什么是健康的肉体,一个政治科学家必须知道什么是健康的政制。较之于我们当前时代的政治科学以它过于简化的二分法——民主与专制或发达与不发达——所提供的构架,这样一门政治科学提供了一个更为丰富、更为全面的构架。这些二分法象征着对苏格拉底方法的苍白缅怀,它们之所以是贫乏的,既是因为我们对我们自己时代的[415]狭隘经验依赖过多,又是因为我们试图在这些狭隘经验的基础上建立一门价值无涉的科学。

正如这里所呈现出来的苏格拉底的政治科学,并非是完全严肃的(serious),因为它严格得近乎荒谬(absurdly severe),使用一个从来不会存在的政制作为它的标准。苏格拉底仍然坚持哲人－王的政制可以存在,所有其他的政制都是它的败坏形式。苏格拉底的方法可被他的如下意欲证明为正当的:他想要把所有最高级的能力都包括在城邦之中,并使完全之人成为完全之城邦的一部分。但是,把哲人包括在内使得城邦的界限延伸至可能王国之外。亚里士多德详细描述了苏格拉底的纲要,并通过使他的标准适合政治生活的可能性而把它变成了一门真正的政治科学。亚里士多德对待绅士就像他们的德性完全且自足似的,从而使以绅士为基础的正派政制成为可能。在亚里士多德看来,只要统治者在其中关心共同好处,任何政制就都是正当的(legitimate),且有多种这类政制。苏格拉底则使非哲学的德性受制于一种更为严苛的审查,这一审查揭示出它们存有严重的缺陷。因而,只有唯一的一种好政制;这是为哲人所统治的政制,哲人是仅有的不受诱惑去打败别人或利用城邦之人。因而,基于一个从不会存在的政制,苏格拉底得以对所有可能政制的正当性(legitimacy)表示怀疑。

苏格拉底以这种方式呈现政治生活,意在有助于格劳孔和阿德曼托斯。在他们匆匆朝着太阳上升之后,苏格拉底正处在把他们引回到普通政治生活水平的过程中。像大多数人一样,他们必须生活在城邦中。但是,苏格拉底希望他们根据他们在上升中学到的东西来观看城邦;他们观看世界的视野必须被改变。阿德曼托斯必须不再把哲学看作城邦的敌人,格劳孔则必须不再为僭政所诱惑。通过呈现最高类型的个人,并建构以其为中心的政制,苏格拉底实现了这一点。因而,苏格拉底通过把政治地位给予这一类人而引起了阿德曼托斯的兴趣,通过向格劳孔展示这样一个统治者——实践正义对其而言似乎是一种绝对的好,而引起了格劳孔的兴趣。希望生活得好的年轻人,将祈望这个城邦及其生活方式。但这在根本上意味着,由于这一城邦的缺席,这个年轻人将渴望过一种私人生活,因为这种好生活被显示为在没有这种政制的情况下也是可能的;它不像别的生活方式那样依赖于在城邦中进行统治。这种好生活是自足的,对选择了它的人而言总是有用的。苏格拉底的政治科学悖谬性地意在显示这种私人生活的优越性。这一部分做出的最重要论断是,虽然最好的城邦只能存在于神话中,但最好的人可以存在于现实中。

[*416*]苏格拉底对各种政制的描述脱离了常识,因为他坚持最佳政制首先出现,然后才有一种必然下降到荣誉政制(timocracy)、寡头政制、民主政制,最后是僭主政制的衰落运动。这一点既不为论证也不为历史所支持。在讨论各种政制时,亚里士多德没有论证一个政制必然出自另一个政制;更坏的政制当然可以先于更好的政制。《王制》自身的论证已表明,哲人的政制,或贵族政制,在时间上并非最先出现,而是必然最后出现。它最远离单纯(innocence);它需要经验;它是理解上的一种伟大而新近的进步,即哲学被发现的结果。正如已暗示的,与事实相反,苏格拉底把最佳政制置于首位,是为了使对智慧的探求显得不与赞同祖传事物的政治偏见相冲突。在《云》中,阿里斯托芬指控苏格拉底教导智慧的儿子打不智慧的父亲。如果苏格拉底正确描述了政制的衰落,一个人打父亲就决不会有任何合法根据;在相继下降的每一步中,儿子都比父亲低等。一个人对自我改善的诉求,将与对其祖宗的尊敬完全相符。而且,在此被表达的对完美开端的信念,是对格劳孔如下提议的回应:公民社会仅仅是人们之间的一个契约,他们宁愿行不义而不愿遭受不义,他们聚集在一起只是由于原初状态(estate)中包含的苦难。在苏格拉底给出的描述中,公民社会的创建或起源并非处在不义和无

辜者的鲜血之中,过去并不为僭政式的统治方法提供一个模型。城邦之创建的严酷事实之所以被遮没了,是因为它们的范例所产生的诱惑。格劳孔在他关于正义的第一篇演说中声称,一个事物可被通过它的起源来理解,或者它的起源就是它的本性。而苏格拉底则在关于理念的讨论中教导,一个事物的目的,而非起源,才是它的本性。在此,通过提出在起源之处什么才是真正的目的,苏格拉底引起了格劳孔有缺陷的哲学理解的兴趣。最后,必须再次强调,有一种政制的向下运动,没有任何迹象表明这一趋势可被逆转,最终的僭主政制不会又朝着优等政制中的某一个返回。衰落的出现是人而非神或自然的过失,但是一旦出现,原初的单纯状态就不可能恢复了。人们充其量可以与进一步的衰落作斗争,但他们不能希望通过他们自己的努力来建立最佳政制。通过这种方式的表现,苏格拉底教导格劳孔和阿德曼托斯,祖传的是真正值得尊敬的,[*417*]因为它是智慧而正义的,并且它不能被改进。由此,苏格拉底使他们在不拒斥理性的情况下变得节制,因为对真正祖传之物的尊敬会令他们如此。

在苏格拉底和阿德曼托斯讨论了每一种政制之后,他们讨论与其相应的人。所以,他们拥有在人身上观看他们曾在城邦中看到的东西的倾向(正如第四卷中的情况)。这预定了多少有问题的结果,即:人们拥有与曾在城邦中发现的同样的好的等级秩序(rank order of goodness)。例如,一个仅仅追求金钱的人是否完全比一个把自己投入各种快乐上花费金钱的人更可取,是有些疑问的。但是,反民主的阿德曼托斯欣然同意,寡头政制比民主政制更好;因而,从他与寡头政制的联系来说,似乎寡头式的人是较高的一类人。这显然没有详尽说明正在被谈及的人们,但它服务于苏格拉底的意图:谴责僭主式的人。为了做到这一点,必须谴责欲望,特别是充满爱欲的欲望。对欲望的这一谴责,是人的等级秩序的关键——人被越多的欲望所支配,在等级上就越低。然而,这一秩序原则对像格劳孔这样的欲望之人而言并非清晰可见。在城邦中,自私的欲望是最能导致不义的欲望,这一事实貌似有理。从严格的政治立场来看,对欲望的贬低有必要;从一个想要幸福的个人的立场来看,这一贬低则并非如此容易被接受或被视为必要。这一在两种立场之间隐藏的张力最具启迪作用,必须在为它们的同一性而进行明确论证的描述中观察它。城邦的生活和人的生活的相似性,实际上在从荣誉政制到僭主政制的向下发展中减少了。喜爱荣誉的(timocratic)人很大程度上和喜爱荣誉的城邦专注于同样的目标,对他的描述与对城邦的描述一样;但是,民主式的人似乎能够过一种私人生活,对他的描述与对城邦的描述就完全不同。并且,尽管所有人都会同意,一个被僭主式地统治着的城邦是最不幸福的城邦,但僭主是最不幸福的人却几乎并不确定。在荣誉政制中,城邦怎么过活(fares),人就怎么过活。这种情况在民主政制和僭主政制中则并不如此明显。

在尊严和好的方面的城邦次序——荣誉政制、寡头政制、民主政制和僭主政制——符合阿德曼托斯的旨趣和常识,尽管这未被以任何方式证明。遵循《王制》中默默建立的原则,一个城邦必须供给肉体的生计,有能力保卫自己,并拥有[418]关心共同好处的人作为统治者。城邦的等级似乎与其满足这些条件的能力相应。只有贵族政制完全满足这些条件,但荣誉政制最接近于做到这一点。斯巴达,荣誉政制的典范,是一个拥有长期稳定的共和国,并有能力勇敢而精熟地保卫它的自由。尽管统治者秘密地贪求金钱,但他们对荣誉的热爱保护了他们对公共事物的献身,他们太耻于为获取而牺牲自己的责任。而且,即便他们的勇敢不是被教育的辅助者——他们深信死亡没什么可怕——的勇敢,即便他们稍微有点过于残暴,不可否认的是,他们能够非常好地战斗。

按顺序,接着出现的是寡头政制,它既没有贵族政制的完美统治者,也没有荣誉政制的对荣誉的热爱,从而没有勇敢。寡头们把城邦的所有资源变成他们的私人收益,既不愿意战斗,也没有能力战斗。但是他们在获取和保持财产时的克制(continence)与清醒,给政制带来了某种稳定。因为民主政制甚至缺乏寡头政制的稳定,所以它第四个出现。民主分子自己没有能力进行统治,因此他们必须选取领导。这些民众煽动者们为了他们自己的利益同时为了试图满足穷人的需求而剥夺富人。最终,城邦的财产被耗费了。民主政制在本质上是一个过渡的政制,因为它的原则——自由——不鼓励尊重对政制之维持必不可少的法律。民主政制为被所有人公认为最坏政制的僭主政制铺平了道路,在僭主政制中,统治者完全为了他的个人利益而利用城邦。

在他对这些政制之败坏的处理中,苏格拉底制定了规则,即一个政制只能被内在于它的原则中的恶行所摧毁。例如,寡头政制,因为它贪恋金钱,必然使它自己的阶层中容易受到伤害的成员陷入贫困,从而能干而不满的(disaffected)人壮大了穷人的行列。这个政制不得不鼓励挥霍,因此侵蚀了公共精神。以此观之,寡头政制决不能被一个更为强大的邻邦未经挑衅就发起的突然攻击所推翻。它的垮台必须是它自己过失的结果。苏格拉底的这一主张与他在第三卷中坚持灵魂是肉体疾病的原因相近。政制是城邦的灵魂,它导致了在其中发生的一切事情;因而,国内政策是所有重要因素(all that counts)。苏格拉底在此从意外事件特别是从对外政策中抽离出来了。这有利于集中关注城邦中最根本的东西,城邦的德性;这些完全取决于政制,政制的好品格是政治家的首要责任。

[*419*]对政制的处理,与苏格拉底处理本该与其相像之人的方

式对比强烈。每种情况下的人,似乎都不是他比拟的城邦中的一员,而是民主城邦的一员,并未分享他在其中生活的城邦的特征。(即便民主式的人,也不是苏格拉底在说到民主城邦时所描述的贫穷而匮乏的公民。)各种各样的灵魂,显然可以在一个民主城邦中独自获得满足;这些灵魂既不为这个民主城邦所鼓励,也不为它所阻碍。苏格拉底把民主政制描述为一个贮备了所有种类的政制的百货商店;他遵循他自己的提议,当他想要挑选各种人时就走进这个商店。雅典是一个人们为了认识人类可能性的范围而必须在那里生活的地方。苏格拉底不能在那里找到的唯一类型是实现了潜能的僭主,但在讨论中目前就有一个年轻人很可能会成为这种人。从一种人向下一个更低种类的人的变化,被苏格拉底理解为家庭教育的失败。在每种情况下都有一个更优越的父亲没有能力使他的儿子像他自己。并且,在这里,与对政制的讨论相反,至关紧要的事例中的变化,部分是由可能被称为对外政策问题的东西所引起。城邦是孤立的,它们的困难源于其自身内部各部分的关系。但是,贵族政制和荣誉政制的人在它们与城邦的关系上拥有困难,由于那些关系不令人满意的特征,儿子拒绝了父亲的生活方式,转而支持更适于在城邦中成功的生活方式。由此,他们变成了更低等的人。苏格拉底看起来在教导,致命的错误在于太把城邦当真,并迎合它的要求,因而,人们不必像政制一样,政制不必是其生活的首要事实,尤其是如果他们生活在民主政制中的话。

好城邦的腐败是神秘的,并为神话所掩盖;正是这个城邦的存在令人怀疑。一个人可以给予它的唯一的非神话说明,是从与更低等政制的腐败原因的对比中得出的说明:对于获取财产的专注和与财产分配相关的困难,使城邦不可能使自己致力于财产的有益使用,或者简单说,不可能致力于好生活。肉体不能被遗忘,从而,弃绝与私有财产相关的一切以及只专注于灵魂,是不可能的。拥有私有财产是从最佳政制到次佳政制的至关紧要的变化,并且困扰各种政制的所有病患皆由这一变化而来。城邦的首要事务变成了对财产的管理,因而是对仅仅活着的专注。[*420*]在政制名单上,寡头政制居于中间绝非偶然,因为在它对金钱的追求中,它是真实城邦的关注的化身。金钱代表并能满足的私人欲望,与公共精神(public spirit)处于紧张之中,随着一个人沿着政制的斜坡下滑,金钱变得越来越具支配性。苏格拉底表明,因为城邦是一个很多种人的合成物,其中很少人有能力热爱知识,所以,没有城邦可以避免与私有财产的根本妥协。

另一方面,贵族之子的败坏可被所有人看到。不像贵族式的城邦,贵族式的人实际上存在;他是一个哲人。而且,他正像苏格拉底一样。他全神贯注于学习;他对他的肉体以及别人对他的看法完全漠不关心;他绝对专注,一心一意。但是他的妻子,比如珊提佩(Xanthippe),不能忍受她的丈夫,从而不能忍受她自己不受尊敬、反受轻视的事实。她,连同其他有同样想法的人民,使他的儿子确信这样没法生活。她仿效在《高尔吉亚》中指控哲人缺乏男子气概、无力体面地报复侮辱的卡里克勒斯。男人从单纯状态的堕落,是女人诱惑的结果。儿子的血气被唤醒了,从而过上了傲慢之人的生活,采取那些将使他受到别人尊敬的行为。这样一种生活之所以需要遗弃哲学,既是因为他不再有时间搞哲学,也是因为哲学提出的问题不适合一个绅士。他现在是为了别人的意见而活着,而不再是为了他自己而活着。他的父亲不是一个真正的公民——虽在城邦中,但不属于城邦;但是父亲的儿子,通过使自己适合于城邦而成了它的一部分。

接着,当喜爱荣誉之人的儿子看到他的父亲被人民虐待时,他便被败坏了。父亲太傲慢了,以致不向人民献殷勤,并失去了一切。恐惧成了儿子的动机;他遗弃了傲慢,因为它危险。他的父亲曾在精神上依赖于人民;而他对人民的指责毁了他自己的生活。儿子认识到,父亲表面上的独立没有根据。现在,生活,肉体生活,成了支配性的。安全的唯一来源在可以保证生活手段的金钱中。父亲曾拥有金钱,却没有充分注意他对金钱的需要。在这种意识下,血气无法再保持不变了。儿子完全依赖外在于他的事物,欲望已成为他的生活原则。苏格拉底的例证教导,一个人应该像一个主权国家之于他自身一样生活在城邦中,只与其他公民保持着受一种防卫性的审慎所指导的关系。

为了显示这个寡头式的人的儿子如何成了一个民主式的人,苏格拉底区分了必要的欲望与[*421*]不必要的欲望,这一区分解释了寡头分子与民主分子之间的差异。必要的欲望是那些有助于生命之维持的欲望;不必要的欲望是那些我们可以免除的欲望。苏格拉底似乎甚至把性欲也包括在这后一个类别中。大概因为他的父亲在提供金钱上的成功,民主式的儿子专注于很多欲望,不像他严厉的父亲一样仅把自己限制于必要的欲望。基于苏格拉底的描述,为什么民主式的儿子应该被认为低于他寡头式的父亲——他把生命都花在追求金钱和剥夺别人上——根本就不清楚。年轻的民主分子看起来毋宁说是一个迷人的家伙,即便他没有目标。为什么一个民主政制极有可能被认为低于一个寡头政制显而易见,但这仅仅有助于显示城邦的适宜(solid)生活和人的惬意(agreeable)生活之间的差异。寡头式和民主式的政制和人都不专注于任何德性,但至少民主式的人的原则不排除德性的实践。正如已观察到的,对民主式的人的这一评判是对欲望的一般谴责的一部分,并导向对僭主——他被视为欲望之人本身——的谴责。欲望被解释为肉体欲望,它一旦被解放，就是无限的，并使人的需要无限。对政治的稳定和哲学探究的可能性而言，欲望的节制都是必要的。对多数人来说，赞美欲望就是赞美肉体欲望。既为了哲学，也为了政治，这必须被控制。

但这只是一种部分的考虑，因为在无组织的民主分子追求的对象中，哲学处在与演奏长笛和饮食同样的水平上。对这个民主分子而言，哲学不是一个严肃的职业，然而民主政制是哲学在其中出现的唯一切实可行的政制。民主政制仅仅是不关心哲学，而其他政制则肯定对哲学抱有敌意。荣誉政制和寡头政制的道德或财政的严厉性，排斥对哲学有必要的闲暇，并谴责由哲学所产生的思想；同时，对哲学而言，这些政制中的生活过于有组织，以致无法不被注视地长时间逃离。僭主害怕智慧而思想自由之人。哲学位于不必要的欲望之列，因而在民主政制中找到了它的家园。荣誉政制，最佳的可行政制，是最远离哲学的政制；悖谬的是，公民苏格拉底赞美荣誉政制，而哲人苏格拉底想要民主政制。苏格拉底实际上参与了对民主政制的辩护以反对它的敌人——潜在的僭主和斯巴达的热爱者，这并非因为他可以献身于民主政制，而恰是因为民主政制不要求献身。在显示了他可以献身的政制不可能或许还不可欲之后，[*422*] 苏格拉底逐渐遗弃了它，转而赞成允许他自由的政制，他可以在其中变得成功的唯一真实的政制。

苏格拉底对作为民主政制特别是僭主政制的奴仆的悲剧的严酷、表面上不够敏感的批评，是他对欲望的同一谴责的一部分，这一谴责在这一语境中导致他更喜欢寡头分子，而非民主分子。悲剧的确是与荣誉政制和寡头政制相反的民主政制和僭主政制的品味。其他的城邦过于忙碌，以致不能发展这样的品味，并且它们还把这些品位视为道德德性或健康经济的威胁。悲剧需要释放和投合在其他政制中被否认或被压制的欲望。因而，悲剧鼓励那些欲望，只要那些政制是低等的,悲剧就必须被谴责。但是,如果民主政制和僭主政制包含着其他政制所欠缺的人性要素,悲剧与民主政制及僭主政制的联合或许部分可被证明是正当的。尤其是,在其他政制中存在但被拒绝存在的欲望,正是悲剧的主题。因此,在这些欲望被允许的低等政制中,悲剧既可以学习也可以教导关于人的东西。在某种意义上,向这些欲望让步是一个错误,但是阻挡它们就是误解人。对这些欲望的压制与对哲学的压制有关。正如哲学是不必要的,诗也是如此。哲学与悲剧的真正纷争,与悲剧对荣誉政制和寡头政制所必需的自制的隐晦拒绝无关,而与悲剧之中缺乏任何关于真正的贵族政制的知识有关,因为它缺乏这一平衡力量,结果必然倾向于太把欲望和激情当真。第八卷中对诗的这一批评,为第十卷中对哲学的强大对手的重审,铺平了道路。

*571a – 592b*

最后,苏格拉底开始了他对僭主的描述。僭主是私人欲望的公开满足,这些欲望最初隐藏在喜爱荣誉之人的灵魂中悄然进入城邦。一旦哲学的快乐消失了,人就在义务与欲望之间被撕裂,而不再有任何动机去选择义务胜过欲望。苏格拉底表明,如果哲学不存在,如果肉体快乐是唯一的快乐,而心智没有它自身的快乐,那么僭主的生活将会是生活方式的适当选择。如果为道德所要求的自制并非服务于一个更高级的快乐,那么它就没有任何宇宙论的支持。喜爱荣誉的人献身于义务没有根据,寡头式的人和民主式的人则代表了义务和欲望之间的不稳定妥协。苏格拉底只能通过格劳孔仅仅稍微瞥见的哲学生活的优越性来向他证明僭主生活的低劣性。当然,[*423*]第七卷中哲学生活的美丽图像(images)和由第八卷中描述的政治生活之衰落而唤起的道德义愤，已使格劳孔为这一选择作了准备。但是，尽管所有人都欣然承认在僭政下生活是最坏的政治命运，但他们并非都如此乐意承认僭主是最不幸福的人，这正是因为僭主成功地赢得了为那些号称使人幸福的稀缺物品而进行的斗争。苏格拉底在第九卷中使自己专注的正是这个问题。

苏格拉底把僭主刻画为充满爱欲的；爱欲，正如克法洛斯在对话的开始所说，是一个疯狂的主人。现在苏格拉底在不必要的欲望中作出进一步的区分；它们中有一些遵循法律，其他的则违反法律。充满爱欲的欲望导致一个人违反法律，无所畏惧，并对所有好东西具有无所不及的品味，这一品味使他成为法律和他人之敌。民主式的人没有爱欲，这赋予他一种随和、无害的品质，使他平淡无味（innocuous）。爱欲激情的匮乏使得民主式的人不会把一切都太当真。不过一个性的激情（sexual passion）很强烈的人，其情形则与此迥异。格劳孔就是这样一个人，正是满足他的这部分天性的愿望吸引他走向僭主政制；因为，僭主政制是唯一一个在其中没有任何满足会被否决的政制——它提供了一个热爱者所需要的自由、权力和金钱。爱欲是最危险和最强大的欲望，一种无穷无尽的渴望，它以它的热烈耗尽了所有别的依恋（attachments）。然而，爱欲也是暧昧不清的。直到此刻为止，《王制》在它没有忽略爱欲时便一直不断地攻击它。难以想象《王制》的作者也是《会饮》和《斐德若》（*Phaedrus*）的作者。但必须看到，受到攻击的爱欲是对其他肉体的渴望，并且对爱欲的攻击是同时以政治和哲学的名义进行的。政治似乎对任何形式的极端爱欲倾向都有敌意，但哲学呢？第六卷和第七卷清楚地表明，对智慧的热爱也是爱欲的一种形式，并且对爱欲的敌意被限制为阻碍哲学爱欲之发展的那种。因此，对爱欲的政治批评和哲学批评并非处于完全的和谐中。《王制》中对灵魂的讨论在根本上是不完善的,若要使其可理解,就必须扩展它以提供一个更充分的爱欲说明。(例如,在第九卷中变得清楚的是,灵魂的血气部分和理性部分拥有它们特别的欲望;欲望并非被限制在被称为欲望部分的最低部分。)当前对爱欲的解释,确实服务于缓和格劳孔的激情之目的,这一激情既是反政治的,又是反哲学的。但是,对爱欲的这一理解的明显不完善,导致了一种对[*424*]僭主和哲人之间隐藏的亲缘关系的意识。某些种类的事情(例如乱伦)是一个绅士甚至想都不愿想的,更不用说去做了。有时这些事情违背他的意愿,在他的梦境中表现出来。僭主则在完全清醒时既愿意想这些事情,又愿意做这些事情。哲人,正如我们在《王制》中所看到的,至少愿意想这些事情,它们不会对他产生任何它们对绅士产生的恐怖。这是因为,僭主和哲人都在他们对自然(nature[physis])的追求中轻视法律或习俗(law or convention[nomos])。爱欲是自然的精灵之声(demonic voice)。在他们意识到自己的根本不完善并渴望整全方面,在他们的激情及其一心一意方面,僭主和哲人是一致的(united)。他们是真正专注的(dedicated)人。

潜在的僭主,倘若被从败坏中挽救出来,或许也极有可能成为潜在的哲人。被僭政吸引的年轻人,像哲人一样,只有在民主政制中才被允许旺盛地生长。通过治愈格劳孔对僭主式快乐的渴望,苏格拉底既可以纵容他自己对美的灵魂的渴望,同时又可以扮演保卫其城邦政制的好公民角色。民主政制满足一切:它允许苏格拉底做一个哲人,至少到他七十岁为止;它通过允许不必要和不合法的欲望的出现而为苏格拉底提供学生;通过允许苏格拉底使那些被这些欲望摆布的人皈依哲学,它给了苏格拉底机会去表明他热爱他的国家。

苏格拉底试图向格劳孔证明,僭主是最不幸福的人。他的论证包括两部分。首先,僭主不能满足自己的欲望;他必定总是继续他的渴望,变得可憎,并做出所有骇人的行为。总之,僭主是最不自足的人,完全依赖外在的事物,因而充满焦虑。其次,僭主式的生活不是最快乐的生活。后一论证又被划分为两部分。根据第一部分,灵魂的三部分中每一部分都有它自己的特别快乐。知晓所有三种快乐的人,将是何种快乐是最大快乐的最佳裁判。然而,只有哲人知晓所有三种快乐,而哲人选择了哲学的快乐。根据论证的第二部分,僭主的快乐完全与痛苦混杂相连,而哲学的快乐是纯粹的。僭主的快乐不真实,因为它们与生成(becoming)相连,而生成自身在某种程度上不真实;哲人则依恋存在(being),因而他的快乐是真实的。苏格拉底使僭政和哲学之间的选择取决于快乐,这必将引人注目。

《王制》教导的这一方面,被亚里士多德有力地呈现在《政治学》(第二卷第七章)中。在批评嘉尔基顿的法勒亚(Phaleas of Chalcedon)提出的[425]对政治问题的经济解决时,亚里士多德声称,人们行不义之事有三种原因:必需品的匮乏;对于比必要事物更多的事物的欲望;享受纯粹而未混有痛苦的独立快乐的欲望。在苏格拉底的描述中,寡头专注于必要的事物,民主分子专注于不必要的事物,僭主专注于非法的快乐。亚里士多德明确认为,想要不混有任何痛苦的快乐之人与犯下最大的罪恶并渴望僭政之人,是一致的。他还表明这是最为有趣的一种人。他提出了治愈不义的三种原因的三种方法:小额的财产和工作,节制,以及哲学。对纯粹快乐的追求,是不再为必要事物担心的更高种类的自由人的动机。但是这一追求只有通过哲学才能被满足,因为“其他的[快乐]需要人类”。只有哲学是纯粹的快乐,是自足的,不需要利用别人。最为彻底地被提出的道德问题在于一个基本抉择:或者哲学,或者僭政,乃是最好的生活方式。其他的解决都只是不彻底的方法。如果哲学不存在,僭政将是迫切需要之物,只有缺乏活力才会使一个人拒绝它。

在哲学生活与僭主生活之间的这一选择,解释了《王制》的情节。苏格拉底抓住一个被僭主生活诱惑的年轻人,并试图至少给予他一点点哲学意识,这一意识将治愈他对僭政的渴望。任何其他的劝告,都无异于空洞的道德主义。被僭政吸引的年轻人,是亚里士多德之格言——人既是最好的动物又是最坏的动物,生活在城邦之外(在不投身[participating in]城邦之法的意义上)的人非神即兽——的例证。在《王制》中,苏格拉底已把神和兽都包括在城邦之内,这解释了他的政治科学和亚里士多德的政治科学之间的差异。和亚里士多德不同,苏格拉底使爱欲成为一项政治原则。尽管僭政和僭主式的人从某一点看最远离哲学,但二者从另一点看则最接近哲学。这正是苏格拉底依恋(attracted to)那些危险的年轻人、潜在的僭主的原因,他们是民主政制的产物。就这些年轻人中的某些人而言(譬如克里提阿和阿尔喀比亚德),他的培训失败了,因此他被判刑。但就另一些人来看(譬如色诺芬和柏拉图),他成功了,他们为他辩白。

自从格劳孔第一次要求对正义之人的生活和不义之人的生活作比较之时起,《王制》的情节就稳步向这一比较移动。问题已经在途中变化了,因为[*426*]现在是在哲人与僭主之间进行比较;这在开始本不会使格劳孔满意,也不会证明正义之于不义的优越性,除非正义是哲学,不义是僭政。但是,这一比较确实阐明了原初的问题;尽管经受折磨的正义之人未被证明是幸福的,但清楚的是,幸福不依赖于僭政可以获取的任何东西。格劳孔关于好东西的观念,已经被他在这一谈话中经历过的令人惊异的事物所改变。先前他认为,正义之人和不义之人都渴望相同的事物；现在他看到了一种生活——苏格拉底的生活——的可能性，这种生活是自足而幸福的。僭政的必要性变得可疑，并且格劳孔将决不会再像他曾经做过的那样提问了。幸福并非与对其他人的剥夺有关。为了格劳孔，苏格拉底对灵魂作了比喻；欲望部分被比作多头兽，血气部分被比作狮子，理性部分则被比作人。从而，苏格拉底解释了，强加节制的法律并非按照剥夺者的利益来制定，而是按照与肉体相对的灵魂以及与欲望相对的理性的利益来制定。当然，这一点只有在最佳政制中才保持为真实的，但格劳孔自己现在能够说，这并无不同。先前，一个人要成为一个完全的人，似乎必须创建一个城邦，并在里面生活，但现在，似乎一个人仅凭自身就可以幸福。好城邦仅仅在言辞中存在，对那些想要生活得好的人而言，它是天上的模型（pattern）；正义是对那一个政制的法律的遵从。最终，人可以挣脱出俗世的城邦，并且，格劳孔已经获得了一种逃离于俗世城邦之种种主张和魔力的内在自由。

# 第十卷

*595a－608b*

随着哲人与僭主的对质,讨论似乎达到了终点。但是,苏格拉底再一次提出了诗的主题。这令人吃惊,并且,也难以想见在经历了第三卷关于诗的长篇讨论后我们为什么应该再返回这一主题。然而,那一处理只涉及诗在战士之教育中的用途与缺陷,这些战士们需要勇敢以及鼓励勇敢的有益故事。荷马是希腊人的教师,他担当这一角色的资格必须被检审。在早先的讨论中,荷马的英雄阿基琉斯是主题;而在这里的讨论中,荷马本人是主题。苏格拉底在此采用的轻松语气,以及他驱逐诗时明显的轻而易举,绝不能让人忘记他对待诗是多么严肃认真。诗正是敌手,在诗与哲学之间有一场古老的纷争。荷马被所有希腊人阅读或聆听;他讲述相互关联中的所有事物,并且还讲述诸神。荷马和其他伟大的诗人一起构成了值得尊敬的特别法庭(tribunal),[*427*]哲学在它面前被审判。苏格拉底害怕被向诗人们告发,好像诗人们是法律一样;在某种意义上,诗人们确实反映了法律,并决定了制定法律的意见。然而,第十卷试图颠倒这种处境。苏格拉底通过向诗人们做出*申辩*来开始,通过为诗人们向他做出*申辩*开辟道路来结束。苏格拉底不希望摧毁诗;他只希望审判诗,而非被诗审判。

第十卷的其他主题,有助于澄清这一对诗的最终考虑的根据。

灵魂的不朽和正义的奖赏也被论及，尤其是死后的奖赏。而且，第十卷在一个诗性神话中达到顶点；在似乎拒绝了诗之后，苏格拉底使用它来描述宇宙和人的命运——人所论及的最广阔的可能对象。诗之于苏格拉底改造格劳孔的计划是必要的，但它必须是一种崭新的诗，一种可以支撑格劳孔过具有道德德性的生活并能尊敬哲学的诗。那么，诗不是必须被彻底驱除，而是必须被改革。第十卷以一个对荷马诗（Homeric poetry）的批评开始，以一个苏格拉底诗（Socratic poetry）的例子结束。把两者分开的是对灵魂不朽的讨论。旧诗和新诗之间的不同，恰恰在于它们对灵魂的理解；旧诗似乎必然导致一种对哲学有敌意的灵魂观。前苏格拉底诗的和谐（*cosmos*）或混沌（*chaos*），不包含对道德生活或理论生活的任何支持。环绕着荷马的世界的大洋河（the River Ocean），是一个充满永恒而无意义的变化的事物。诗被呈现于其自身根据上，描绘了那些通过它们诗可以最好地揭示其力量的主题，诗在英雄阿基琉斯那里达到顶点。正是阿基琉斯为他的命运哀叹，并声称宁愿在世上做奴隶，也不要在冥界做国王。活着，仅仅活着，便是所有的考虑，因为超出它之外的是一片空虚，既无法为高贵的生活也无法为求知的生活提供正当的理由。

《王制》第十卷的【相关】文本是《奥德赛》（*Odyssey*）第十一卷，描绘奥德修斯（Odysseus）拜访冥界。奥德修斯与俄尔（Er）在冥界中的经历的差异，指示了苏格拉底试图教导的东西。俄尔找到了对正义灵魂和不义灵魂的奖赏和惩罚；但是，更重要的是，他还发现了一个使这个世界可理解并为沉思的生活提供根据的宇宙秩序。在所有事物的起源处，俄尔看到，灵魂是宇宙秩序的第一原则（first principle）；因而，对宇宙的适当研究就是对灵魂的研究。人身上最好的东西，与事物的本性不是处于冲突而是处于和谐中。俄尔神话只是一个故事,正像奥德修斯下降到冥府是一个故事一样;苏格拉底似乎不大可能相信个人灵魂的持存,但是,这个故事却是令哲学可能的观点的诗化反映,正如[428]已暗示的,荷马的故事反映了联系于一种自治之诗(autonomous poetry)的观点。人们需要诗,但是,滋养他们灵魂的那种诗极大地影响了(makes all difference in)他们对其非诗性生活的理解。苏格拉底概述了一种新诗,它导向自身之外,它不把人的唯一选择展现为悲剧的或喜剧的,它支持哲学生活。苏格拉底给出了亚里士多德在《诗学》(*Poetics*)中发展的原则,这一原则被具体表现在像但丁(Dante)和莎士比亚这样的人的作品中。它仍然是诗,但却是指向自身之外的诗。

通过询问格劳孔对一个工匠怎么看,苏格拉底开始了他与荷马的争论,这个工匠"不但能制造所有的器具,而且能制造一切从地里自然生长出的东西,也能制造一切动物——别的动物和他自己,此外,还能制造地、天、诸神和天上地下的一切"。格劳孔回应说,这样一个人肯定是一个最为令人惊异的智术师,但是苏格拉底赶紧向他保证,这个制造者的力量没有什么令人惊奇的,所有人都能达到。苏格拉底告诉格劳孔:"……如果你愿意拿一面镜子并带着它到处照的话,很快,你就会制造出太阳和天上的事物;很快,制造出大地;很快,制造出你自己和别的器具和植物以及刚才提到的其他的一切"(596c－e)。这好像是以一种几乎令人难以置信的粗鲁和麻木的方式来贬低诗的描绘之价值。苏格拉底指控诗人是一个欺骗人、根本不能宣称拥有智慧的骗子。然而,对所引段落更细致的检审显示出,此处苏格拉底的观点比直接看起来更精微。拿着镜子到处走的人,将捕捉不到那些在智术师的镜子中出现过的事物的映像:任何普通的镜子都不能映现出诸神和冥府中的事物;太阳将必须取代这些事物的位置。只有诗人和画家能够再造诸神和死后的生活,但他们没有在别的工匠的作品或在可见的宇宙中的事物的供其模仿的模型(models for their imitation of them)。诗人是关于诸神的真正的、唯一的教师。① 最大的神秘在于诗人如何发现有关诸神的东西,诗人如何能够把诸神表现给人们。苏格拉底式的诗[429]同样必须讲述诸神和来生。这没有构成旧诗和新诗之间的差异;诸神是二者的中心,即便说不上是本质。苏格拉底与荷马之间的真正纷争,涉及一个人发现诸神的方式,或者涉及导致一个诗人以这一种方式而非另一种方式表现诸神的整全观。苏格拉底对荷马诗的批评,实际上是一种对荷马的神谱或神学之原则的研究,一种对荷马式诸神本性的研究。

苏格拉底分析荷马式智慧的第一步,乃是试图建立一首诗的本性。苏格拉底声称,一首诗,像一幅绘画一样,是一个拥有一种奇怪存在的特殊存在物。诗表现其他的特殊存在物,它们之所以是存在物,是因为它们轮流分享了一种单一而自在的存在。诗依赖于我们周围的世界;它不制造其表现对象,它的力量来自它对那些对象的把握的深度。苏格拉底立论说,荷马的书预设了关于世界之书的知识,而这个世界并不是荷马制造的;荷马不是创造性的,并且他必须由那一外在的标准来得到评判。诗是模仿。现在苏格拉底采取奇怪的措施,通过把诗人的知识比作制造被模仿事物的工匠的知识,来检测诗人的知识。这一方法在表面上似乎有道理,诗确实模仿出于各种技艺的实物,关于后者的知识属于那些技艺的从事者。以此

---

① [原注]所持来映现自然的镜子与模仿性的智术师的作品(product)之间的不同,对应于分线的最低水平与洞穴的墙的不同。在分线的最低水平,事物看起来被映现在水中或光滑的表面上;在洞穴的墙上,囚徒看到了人造物的映像,其中只有一些拥有自然的模型。囚徒的问题是朝着真理上升。他们的错误之原因,与自然物和人造物的这种混合有关。在此处对诗的讨论中,苏格拉底详述了这一问题,并揭示了洞穴的根本特征。

方式,诗人确实做得很差,因为他肯定不是一个知晓所有不同技艺的人;诗人的表现只不过是工匠们的称职意见的一个影子罢了。但是,所有这些在某种程度上都相当错误。首先,诗所表现的一切并非都是人造物;实际上,最为有趣的那些对象不是技艺的产物。其次,诗在其对象的相互关系中表现它们,没有任何特殊的技艺能够做到这点。健康方面的专家亦无法像诗那样知晓健康肉体的适当用途。诗在根本上是全面性的或综览性的,这使它区别于专门的技艺。诗是一个各种模仿的集合体,但它被灌注了诗人的视野,一个超越了专门技艺之水平的视野。

论证的进一步发展,逐渐揭示了【诗】这种不寻常的表现的原因。既然工匠已被确定为知识的标准,那么,如果荷马是权威性的,他就肯定练习过所有的技艺或者至少是那些最重要的技艺。如果荷马如此精熟于技能,而且是希腊人的一个合适教师,那么他就应该既因其言辞而著名,又因其行为而著名。荷马最喜欢的主题是人的德性和恶行,所以,要求看到他作为一个立法者、将军和教育家等等所做的事业,这是合情合理的。但显然,荷马在这些领域中没有任何声誉,甚至据说[*430*]他在自己的一生中都被忽视、被遗弃。因而,必然得出结论,荷马不是最重要的人类事物的可靠教师。这一论证的隐含假设是,做一个行动者比一个认知者更好,或者知识只有在行动中——在对别人的助益中才能得到检验。

但是,片刻的反思使我们意识到,这些针对荷马的指控至少也适用于苏格拉底。苏格拉底也不是一个立法者,一个战争中的领导者,一个发明家,或一个像普罗塔戈拉(Protagoras)那样的教授;也没有任何以苏格拉底命名的生活方式,就像有一种毕达哥拉斯式的(Pythagorean)生活方式。苏格拉底比被他的同时代人忽视还要糟糕。然而,苏格拉底也认为自己在人类事物方面是智慧的。谈论人类事务的权威,不是来自对任何技艺的研习,荷马和苏格拉底在他们对技艺的忽视和他们与实践生活的脱离上是同样的。苏格拉底在这一展现中表明的是,判断一项活动之价值或智慧之深度的普通标准,不适用于荷马或他自己。智慧有另一种与技艺不同的起源,并且智慧与理念之间有另一种和智慧与工匠之间不同的关系。一个智慧之人不是被他表现的任何行为而是被他的知识之品质所评判的。这一知识与工匠的知识不同,工匠生产某些可被使用的东西,处理专门的主题。智慧因为它自身而被寻求,它是全面性的,它使各种各样的技艺及其产品相互关联。荷马和苏格拉底都以某种方式拥有这种知识;他们都拥有一种整全观。荷马像工匠所做的一样制造产品,但这一产品不同于工匠的产品,因为它反映了一种整全观,这一产品的制造者按其本性来说是一个必须思索整全的人。

苏格拉底暗中批评荷马的缘由是,他不能解释这一整全观的根据,或致力于认识这一整全观的生活方式的根据。荷马看起来是英雄、行动之人的赞美者,因而看起来就像他们的下属(inferior)一样。言辞看来从属于行动。在荷马诗中没有什么表明诗人的尊严,也没有任何英雄叙述诗人本人的行为,更没有任何一幅宇宙图景使得理解智慧的可能性得以可能。苏格拉底指控荷马不反思他自己,并因此制造了一个在其中没有为他自己留下任何余地的世界。荷马诗不是一个各种技艺之模仿的纲目,因为它是被一个整全观所推动的。但是,由于荷马没有为这一观点提供基础,因为这一观点的真理不是诗人关注的中心,所以苏格拉底这样来对待他就是正当的了——荷马就好像仅仅是一个各种技艺的普遍模仿者,而评判这些技艺则要靠每一个工匠,或者是一个不称职的政治家。这一推论路线[431]有助于指出,荷马区别于工匠和行动之人的方式与苏格拉底相似。他们两人都致力于对事物的最全面理解。那么,真正的问题是,灌注在荷马作品中的整全观的来源和地位究竟是什么。

在讨论接下来的部分中,苏格拉底探究了这一问题。他早先已声称,画家或暗中所指的诗人,是三种以某种方式制作同样产品的工匠之一,并在三者之中最远离事物之所是。神圣的工匠制作理念,例如,床的理念。(理念在这一语境中不是被理解为永恒的,而是被理解为技艺的产品,从而建构了一个在其中工匠或制造者而非认知者是最高级的人类的世界。)属人的工匠注视床的理念,并制造床。画家或诗人注视由属人的工匠制造的床,并制作床的影像。因而,他是模仿者的模仿者,他的作品拥有极其少的实在性。然而,现在苏格拉底遗弃了对理念及其制造者的考虑,不再声称工匠在他们的制作中注视理念。他以一个常识性观念代替了所有这些。工匠确实是依赖性的,然而依赖的不是理念,而是使用他的产品之人的命令。诗人仍然位于底部,但现在有一种从事苏格拉底所谓的使用者之技艺的人位于顶端。骑手知道对有效使用一匹马有必要的装备,可以告诉工匠他需要什么,并在不通晓其技艺的情况下给予他们推动力;骑手比工匠更重要,工匠的活动之目的是骑手的活动。使用者的技艺接近诗和哲学,因为它也处理事物的关系,且不被限定为任何单一的技艺。最广博的这种技艺,该是涉及幸福的技艺——立法者的技艺。立法者以一种关于好生活的观点——所有行动的目的——来组织整个城邦,各种技艺最终由它们的产品在那一生活中所起到的作用来指导。骑手告诉马鞍制造者和铁匠他需要什么,依次地,将军告诉骑手骑兵需要做什么;最终,政治家或立法者告诉将军军队必须做什么。只有立法者俯瞰了整全;通过注视立法者,工匠知道了他们的产品之用途或目的是什么。没有任何理念可供立法者注视或机械模仿;他的技艺包含了全部的智慧。使用者的技艺就是政治科学,苏格拉底是它的创建者。把《王制》的比喻——羊群由狗来护卫,狗服从于牧人,牧人为拥有者效劳——贯彻到底就是:人民由战士来护卫,战士服从于护卫者,护卫者最终服从于哲人,或者[*432*]他们自己就是哲人。在最好的情况下,立法者是哲人,但在任何情况下,立法者都是城邦的主人。

以此观之,当苏格拉底说诗人是模仿者的模仿者时他意指什么,就变得清楚了。诗人模仿立法者。诗人必须投合听众的兴趣;在这个意义上,诗人模仿听众的口味和激情。但是,听众的口味和激情已由立法者塑造,立法者被理解为根据其自然观所提供的模型来创建城邦的工匠。因而,诗人注视听众,听众注视立法者,诗人与自然隔了三层(at the third remove)。诗人的功能促使他成了习俗的奴仆;他的作品给出自然的幻象,但在根本上受习俗影响,因而它们在人对自然的追求中欺骗人。换言之,诗人在他的诗中必须模仿英雄。但这些英雄是他的民族的英雄,他们也是希腊生活方式的立法者或创建者的孩子。因为诗人注视包围着他或为传统所传达的东西,并且因为他必须投合听众的兴趣,他特别倾向于陷入流行的偏见。卢梭,在他的《致达朗贝尔的信》(*Letter to d' Alembert*)中,精确地重现了苏格拉底对诗的批判的这个方面,并赋予它一种现代的力量。苏格拉底强调的是,诗人的技艺中没有什么东西迫使他发现真正自然的事物,却有很多东西使他倾向于为习俗服务。如果一个诗人分享了哲学立法者的视野,如果他能够具备这样一种自由所需要的道德的和理智的德性,如果这一视野可以灌注于他的诗中,那么苏格拉底就与这个诗人没有任何纷争。

从这一观点来看,我们还可以理解苏格拉底通过把诗人当作人造物的模仿者意味着什么。在一个意义上,人是自然的存在,但在另一个意义上,人是 *nomos*——习俗——的产物。人和人的状况(ways)到处都不一样,正像树和树的状况到处都不一样。法律把人改造到如此程度,以致很多人可以怀疑,到底是否有一种像人性这样的东西存在。即便有一个自然人,或用更经典的术语表达,一个按照自然来生活的人,公民社会及其法律也必须在他成为自然人的过程中帮助他。公民人,亦即洞穴中的居留者,在决定性的意义上是立法者的人造物:他们的意见是由立法者来制造的。人类的制作与我们对甚至看起来最明确地是自然的事物的感知,大有关系。人们看到美丽的日落、壮观的(noble)河流、可怕的风暴或神圣的母牛。为了认识这些事物,我们必须把自然地属于它们的东西和意见强加给它们的东西分开。[*433*]诗倾向于在事物中混合自然的要素和习俗的要素;它以这种方式使人们着迷,以致人们再也看不到这两种要素联合处的裂缝。

尽管如此,说诗人是模仿者的模仿者仍不充分,因为苏格拉底知道,诗人并非完全奴隶般地屈从于法律和立法者。悲剧诗人描述人们的不幸和他们的悲伤。第三卷中曾陈述过,好人在失去对他们而言宝贵的事物时不会受苦,并且诗人也被命令这样描绘好人。现在苏格拉底承认,好人实际上会悲叹,但他们在私下里这么做。诗人的过失在于把完全私人的东西公开化。诗人的罪行包括违背立法者的命令,即道德德性必须总是被表现为导向幸福。换言之,诗人讲述关于激情的真理,一种为法律所压制的真理。人们依恋他们自己的东西,生活的很多意义来自这些事物,而这些事物并非必然通过道德德性的实践来获取或保存。立法者教导,高贵和幸福是同一的;诗人则把二者分开,并揭示了真理。事实上,正如我们在第三卷中所看到的,当希望学习人类激情的本性时,立法者求助于诗人。为了认识人身上什么是必须克服的,以便建立一个好政制,苏格拉底研究荷马。

因而,荷马并不因为他对自然一无所知而是苏格拉底的对手。毋宁说,因为荷马只知道导致人笑或哭的那部分自然,使人类生活显得荒谬或悲惨的那部分自然。诗人处理行动之人的失败,展示《王制》也展示了的东西:实践生活或道德生活在根本上自相矛盾,因而要么是喜剧的,要么是悲剧的。但是诗人没有展示,或许也不相信,一种由一个既非悲剧又非喜剧的人所过的非矛盾生活的可能性。诗人在尚未给予人一种平衡的情况下就浇灌他的笑声和他的怜悯;因而,诗人让笑声和怜悯作为对人类境遇的终极反应正当化了。特别地,怜悯是一种与一个人自己可能遭受的痛苦相关的激情;它注视甚至是最高贵的人所经历的痛苦,并认出一个人为之生活的事物如何受到威胁。逐渐变强的怜悯,在由人的生存之悲惨所导致的恐怖中终结。被怜悯和恐惧压倒的人,是最没有能力忘记他自己和他自己的东西,从而最没有能力忘记将要保护他并为他的生活赋予意义的事物的人。最重要的是,他祈望法律和诸神,他的怜悯可以很好地使他成为一个狂信者(fanatic)。荷马懂得并迎合的人的自然激情,[*434*]是那些最能使一个人依恋习俗从而依恋洞穴中的奴役的激情。而荷马的(Homeric)诸神,就是像这样鼓励和满足人的灵魂的怜悯部分的诸神。

苏格拉底承认诗势不可挡的魅力,一种由两方面的要素构成的魅力。一方面由对一个人的特殊存在以及与它相关的东西的依恋所引起,另一方面则由伴随着对真理的沉思的快乐所引起。但是,诗揭示的真理只是部分真理,并且,在从一个城邦的习俗或法律解放出来的过程中,这一真理可以把人束缚在习俗的来源上,即对一个人自己东西的热爱上。理性是借以对抗笑声和怜悯的唯一工具。但是诗在根本上属于想象的能力,一种对理知有必要的能力,然而也是一种可能与其作战的能力。克服对一个人自己东西的依恋,是一种巨大的(monstrous)努力,由诗侍奉的激情则反对这一努力;但这一努力对哲学而言必不可少。

这就是哲学与诗之争的本质。苏格拉底再一次驱逐了诗,但这次他为诗提供了复返的可能,只要诗能够学会论证,学会在哲学的审判庭前证明自身的正当性。苏格拉底指出了通往亚里士多德理解悲剧的道路,即把悲剧理解为对怜悯和恐惧这些激情的净化,而非满足。在净化了这些可怕的激情之后,这样的悲剧将有助于一个人变得合理和节制;它将对一个人对他自己东西的必要热爱给予应有的关注,但是将以这种方式来缓和这一热爱,即允许他拥有一些摆脱此热爱的自由。从而,悲剧将既不屈服于这些激情,又不否认它们的存在。那么,悲剧将是对正派而清明(unfanatic)之人的教育的一个重要部分。诗将会复返,但只有在它自己学会了服从,学会了减轻其对放纵和狂热不受控制的倾向之后。当诗人描述诸神时,他们必须不再注视笑声和怜悯,而是注视理念。

*608c - 621d*

对诗的讨论,是在为讨论正义和不义的奖赏与惩罚做准备。诗将一如既往地讲述有关德性在今生或来世所获奖赏的故事。既根据被讨论的事物,又根据与这一主题相关的听众,这一主题似乎更适于用诗而非哲学来处理。在进行这一讨论时,苏格拉底违反了格劳孔的明确要求,因为后者已坚持,一种对正义的真正赞美本身必须从任何外在于正义的奖赏——它可能增加这种赞美——中抽离出来。因而,苏格拉底返回到了阿德曼托斯曾批评过的赞美正义的习俗方式。格劳孔和阿德曼托斯之所以允许苏格拉底这么做,[*435*]是因为他们现在更加赞同地倾向于正义;苏格拉底之所以必须这么做,是因为对话还没充分地表明公民德性自身是值得选择的,而格劳孔和阿德曼托斯无能于哲学德性。

赞美的第一步是把考虑的范围超出今生、延至永恒,因为永恒是对人的恰当研究,并且因为命运在今生的混乱(promiscuity)将趋向于使人相信正义不得报答、不义不受惩罚。因此,苏格拉底着手使格劳孔相信灵魂是不朽的。这一讨论几乎不能列为证据,并且也根本没有任何努力去表明个体(*individual*)灵魂是不朽的,而这是一个为自己的死后命运感到忧虑的人将会操心的唯一事情。而且,苏格拉底承认,我们对灵魂一无所知,这否认了论证的价值,并使以一种对灵魂的理解为基础的整个对话的教导都成问题。因此,这一讨论服务于两个目的:为了促使无哲学能力的(unphilosophic)人因为害怕来世将发生在他身上的事情而关心正义;为了使有哲学能力的(philosophic)人转向对灵魂的研究。灵魂是真正的(*the*)哲学问题,并且正是苏格拉底对这一问题的关怀使他区别于他的前人;苏格拉底的教导中最具特色的部分是:灵魂不可化约(irreducible),并且它在某种程度上是宇宙(cosmos)的原则。阿基琉斯在冥府中的鬼魂(shade),不仅冒犯了好的道德,而且冒犯了哲学的可能性,因为阿基琉斯似乎表明了,人的灵魂在宇宙中没有任何支持。苏格拉底式思想,把早期诗和早期哲学看起来矛盾的关怀结合在了一起;他既可以理解人,又可以理解自然,因为两者被灌注了同一个原则——灵魂。似乎是要给出一种对政治和灵魂的完整教导的《王制》,以这样一种返回来结束:返回到哲学的疑惑,返回到确信一个人的意见【应当】向那些即便不是无法回答但尚未回答的问题开放。在某种意义上,我们甚至可以说,《王制》这本书仅仅向我们教导了哲学的必要性,以及哲学之于政治生活的优先性和优越性(priority and superiority)。

俄尔神话只不过重申了这个讯息。根据这一神话,存在着一个理性的宇宙秩序,每一个个体的命运都与之相连。在来世,幸福和不幸被按照今生实践的德性和恶行来分配。这鼓励正派之人坚持他们的努力以成为有德性的人;因为,如果他们成功了,一个奇妙的穿越天宇的千年旅程就等候着他们。但神话还解释了,公民德性对一个人的永恒拯救而言是不够的,除非他在人世间进行过哲学探究,否则这一旅程将对他毫无助益。因为,每个人都必须选择一种新生活,这一新生活将决定他此后在死去者中间的下一个千年旅程过得[*436*]好还是坏;正确的生活选择依赖于关于灵魂的知识,而非道德德性的实践。那些因为道德德性而在来世受到奖赏的人,并不如那些受到惩罚去做出恰当的生活选择的人所受的待遇。我们看到一个正派的人,一个像克法洛斯一样的人,他刚从他的奖赏中回来,选择了一种僭主的生活;因为,仅仅是法律和习俗使他在他的早先生活中受到限制,他的真实的幸福观使得他艳羡僭主。他在来世什么也没学到;对于那些在世间没有从事哲学的人而言,来世显然也没有哲学;灵魂未因与肉体的分离而被完美化。对于所有不是哲人的人而言,命运有一种从幸福到不幸、然后复返的永恒变化。这个神话把发生在人们身上之事的所有责任都归给人们,从而教导道,除了无知没有任何罪孽。①

俄尔描述其访问来世的关键,是阿基琉斯的缺席。俄尔说,埃阿斯(Ajax)是他看见的第二十个灵魂。埃阿斯是奥德修斯在其冥府之旅中看到的第二十个鬼魂;陪伴着埃阿斯的一个鬼魂,而且奥德修斯在与埃阿斯说话之前与其说话的那个鬼魂,是阿基琉斯的鬼魂,那时,阿基琉斯的鬼

---

① [译注]"there is no sin but ignorance",此言出自英国戏剧家 Christopher Marlowe。施特劳斯至少曾在《自然权利与历史》和《关于马基雅维里的思考》中引用过,且都是在谈论马基雅维里的语境下。"当人们要想理解马基雅维里的思想时,最好是记着 Marlowe 灵感突发时用来说他的话:'我……认为,没有罪孽,有的只是无知。'这几乎是对于哲学家的定义。"参见[美]列奥·施特劳斯:《自然权利与历史》,彭刚译,北京:三联书店,2003 年,页 181。"认识到马基雅维里思想的恶魔性质,意味着在马基雅维里的思想中,认识到一种品第极高的、扭曲堕落了的高贵。当 Christopher Marlowe 将如下这个说法追溯到马基雅维里身上时,他其实是看到了这种高贵:'我认为除了愚昧无知之外,不存在任何罪孽。'"参见[美]列奥·施特劳斯:《关于马基雅维里的思考》,申彤译,南京:译林出版社,2003 年,页 6。

魂正在对冥府进行着【《王制》】第三卷开始处引用过的那一抱怨。俄尔没有提及他看到谁和埃阿斯在一起。在新诗或新的苏格拉底世界中,不管活着还是死去,阿基琉斯都不复存在。相应地,智慧的旅行者奥德修斯获得了更高地位。奥德修斯的全部需要就是被治愈对荣誉的热爱(血气的一种形式),并且他可以过苏格拉底式的隐匿(obscure)但幸福的生活。在此,苏格拉底也从荷马那里获取了他的灵感,从而让我们知道,除了传统已经普及的那一面,荷马的诗歌可能还有另外一面。无论如何,这个神话的教导全然是属人的教导——在没有来世的情况下,人在今生可以通过运用他的自然力量来获得自足的幸福,并且只有通过这种方式,他才会在人所能及的范围内分享永恒。换言之,只有哲人不需要神话。

讨论在这种情况(note)下结束了,格劳孔已经学到了有关节制的教导,而苏格拉底也由此做出了他的*申辩*——这是这样一个人的*申辩*,他有益于别人,乃是因为他首先知道如何有益于他自己。

# 译名对照表

## 人　名

Achilles 阿基硫斯
Achillean 阿基硫斯的
Adeimantus 阿德曼托斯
Agamemnon 阿伽门农
Ajax 埃阿斯
Alcibiades 阿尔喀比亚德
Alfonso 阿隆佐
Antigone 安提戈涅
Antonio 安东尼奥
Aphrodite 阿芙洛狄忒
Ares 阿瑞斯
Arginusae 阿吉纽西
Aristophanes 阿里斯托芬
Aristotle 亚里士多德
Asclepius 阿斯克勒庇俄斯
Briseis 布里塞伊斯
Caliban 凯列班
Callicles 卡里克勒斯
Cephalus 克法洛斯
Cicero 西塞罗
Clitophon 克利托普丰
Critias 克里提阿
Dante 但丁
Er 俄尔
Ferdinand 腓迪南
Gyges 古格斯
Glaucon 格劳孔
Gulliver 格列佛
Haephaestus 赫淮斯托斯
Hermes 赫尔墨斯
Herodicus 赫罗迪科斯
Hippocratic 希波克拉底的
Hobbes 霍布斯
Homer 荷马
Homeric 荷马的
Jessica 杰西卡

Jesus 耶稣
Jocasta 伊俄卡斯忒
Kant 康德
Kantian 康德的,康德式的
Leontius 勒翁提俄斯
Lessing 莱辛
Lorenzo 罗兰佐
Machiavelli 马基雅维里
Machiavellian 马基雅维里式的
anti – Machiavellian 反马基雅维里式的
Marx 马克思
Miranda 米兰达
Moses 摩西
Nietzsche 尼采
Odysseus 奥德修斯
Oedipus 俄狄浦斯
Patroclus 帕特罗克洛斯
Phaleas 法勒亚
Pheidippides 斐狄庇得斯
Phoenix 菲尼克斯
Plato 柏拉图
Polemarchus 玻勒马科斯
Prospero 普洛斯彼罗
Protagoras 普罗泰戈拉
Pythagorean 毕达哥拉斯式的
Rousseau 卢梭
Shakespeare 莎士比亚
Shylock 夏洛克
Simonides 西蒙尼德
Socrates 苏格拉底
Socratic 苏格拉底的,苏格拉底式的
pre – Socratic 前苏格拉底的
Strepsiades 斯瑞西阿德斯
Teiresias 泰瑞西阿
Thomas Aquinas 阿奎那
Thrasymachus 特拉绪马科斯
William of Moerbeke 摩尔贝克的威廉
Xanthippe 珊提佩
Xenophon 色诺芬
Zeus 宙斯

## 地 名

Athens 雅典
Athenian 雅典的,雅典人的
Belmont 贝尔蒙特
Chalcedon 嘉尔基顿

Delphic 德尔菲的
Hades 冥府
Lilliput 小人国
  Lilliputian 小人国居民
Sparta 斯巴达
  Spartan 斯巴达的
Piraeus 比雷埃夫斯
the River Ocean 大海河

## 书 名

Antigone《安提戈涅》
Apology《申辩》
Clouds《云》
Ecclesiazusae《公民大会妇女》
Emile《爱弥尔》
Ethics《伦理学》
Gorgias《高尔吉亚》
Laws《法义》
Letter to d' Alembert《致达朗贝尔的信》
Memorabilia《回忆苏格拉底》
New Testament《新约圣经》
Odyssey《奥德赛》
Oedipus《俄狄浦斯》
Phaedo《斐多》
Phaedrus《斐德若》
Pilgrim' s Progress《天路历程》
Poetics《诗学》
Politics《政治学》
Prince《君主论》
Republic《王制》
Symposium《会饮》
Tempest《暴风雨》
Theaetetus《泰阿泰德》
The Merchant of Venice《威尼斯商人》

## 专 名

acquaintance 熟人
action 情节
activist 激进主义分子
actualization 现实化,实现

admiration 赞慕
advantage 优势,益处
ancestor 祖先
ancestral 祖传的
  ancestral code 祖传守则
  ancestral custom 祖传惯例
anger 愤怒
apology 申辩
apparent 表面的
appetite 嗜好,嗜欲
archetype 原型
argue 论证
argument 论证
aristocracy 贵族政制
art 技艺
  architectonic art 建筑师式的技艺
  master art 主导性技艺
  ministerial art 从属性技艺
artifact 人造物
ascetic 禁欲主义者
atheism 无神论
attachment 依恋,情感
  be attached to 依恋……
audience 听众
austerity 苦行
autochthony 土生土长
beauty 美
beautiful 美的
becoming 生成
being 存在
belief 信念
body 肉体,身体,肉身
  citizen body 全体公民
calculate 计算
calculation 计算
calling 天职
Callipolis 美的城邦
chaos 混沌
character 品格,特征,性质
chastity 贞洁
citizenship 公民身份
city 城邦
civil 公民的
  civil man 公民人
  civil society 公民社会
class 阶层
  auxiliary class 辅助阶层
  guardian class 护卫者阶层
  wage - earning class 工薪阶层
clear - sighted 精明的
coincidence 巧合
comedy 喜剧
comic 喜剧的
common 共同的
  common good 共同好处
  common humanity 共同人性

common sense 常识
communism 共产主义
communistic 共产主义的
communitarian 社群主义者
community 共同体,共有
completeness 完全
incompleteness 不完全
comprehensive 全面的
consent 同意
conservative 保守主义者
convention 习俗
conventional 习俗的
conviction 信条
cosmic 宇宙的,无限的
cosmic support 宇宙论支持
cosmopolitan 世界主义者,世界主义的
cosmos 宇宙,秩序,和谐
courage 勇敢
courageous 勇敢的
crucial 至关紧要的
daring 勇敢的
decent 正派的
decisive 决定性的
dedication 奉献,献身,专注
defender 捍卫者,保卫者
democracy 民主政制
democrat 民主分子
demos 民众
deposit 托管,托管物
desacralization 去神圣化
desire 欲望
bodily desire 肉体欲望
dialectic 辩证法
dilemma 两难困境
disinterestedness 公正无私
disposition 脾性,意向
distinctiveness 独特性
divided line 分线
do 确实
dual 双重的
dual being 双重存在
dual nature 双重性
duality 二元性
earnest 严肃的
easy - going 轻松的,随和的
edify 启迪
edifying preaching 有启蒙意味的布道
egalitarian 平等主义,平等主义的
element 要素
enlightened 启蒙的
Enlightenment 启蒙运动
entity 实体
equivalent 等效物
eros 爱欲
eroticism 爱欲主义

erotic 有爱欲的,充满爱欲的
  erotic activity 爱欲活动
erotically 充满爱欲地
essence 本质
essentially 根本上
evil lots 厄运
exclusive maleness 唯我独尊的男性特征
executioner's ground 刑场
exploit 剥削,利用
exploitation 剥削,利用
faculty 能力
fair 美的
faitaccompli 既成事实
faith 信义
fanatic 狂热的,迷信者
fanaticism 盲信
Fascism 法西斯主义
fear 恐惧
femininity 女性特质
fine print 限制性条款
first cause 第一因
first principle 第一原则
fitting 适宜的
form 形式
formulation 公式化的表达,定式
friendship 友爱
gentle 温和的
gentleman 绅士
gentleness 温和
good 好,好的,好处
  good life 好生活
  good regime 好政制
  good thing 好东西
  whole good 整体的好
  partial good 部分的好
  common good 共同好处
goodness 善,好
guardian 护卫者
gymnasium 健身房
gymnastic 体育
harmony 曲调;和谐
here - and - now 当下
heterogeneity 异质性
heteronomous 他律的
hidden hand 看不见的手
hierarchy 等级制
honor 荣誉
human 属人的,人的,人类的
  human justice 属人的正义
  human nature 人性
  human thing 属人的事物
humanity 人性
idea 理念
idealist 理想主义者
idealistic 理想主义的

ill - repute 不名誉

image 影像,象喻

imagination 想象,想象力

imitation 模仿,仿制品

impostor 冒牌货

incest 乱伦

inclination 倾向

individual 个体的,个体

inform 灌注

innocence 单纯

insider 自己人

institution 制度

intellect 理智

intellection 理智

intellectual 智识的,理智的;知识分子

intelligent 聪明的

intelligible world 可知世界

interest 利益,趣味,旨趣

  private interest 私人利益

  public interest 公共利益

ire 忿怒

ironic 反讽的

irony 反讽

just 正义的

  unjust 不义的

justice 正义

  injustice 不义

knower 认知者,通晓者

laconophile 喜爱斯巴达的(人)

lawgiver 立法者

lawmaker 立法者

law 法律

legal positivism 法律实证主义

legislator 立法者

liberation 解放

limit 界限

literalness 信

literal translation 信译,信译本

logos 逻各斯

manliness 男子气

manly 有男子气的

many 多

masculinity 男性特质

materialist 唯物主义的

medicine 医疗术

mind 心智

model 模型,模特,典型,典范

moderate 节制的

moderation 节制

money - maker 挣钱者

moral indignation 道德义愤

moralism 道德主义

moralist 道德主义者

moralize 道德化

myth 神话

natural 自然的

natural man 自然人
naturalness 自然性
naturalized 归化的
nature 自然,本性,天性
dual nature 双重性
human nature 人性
navigation 航海术
necessarily 必然地
necessary 必要的,必然的
necessity 需要,必要,必然性,必需品
nobility 高贵
noble 高贵的
object 实物,物体
objection 异议,反对理由
occupation 消遣
oligarch 寡头,寡头分子
oligarchic 寡头式的
oligarchy 寡头政制
one 一
opinion 意见
outlandish 异国风味的
outsider 外人
pain 痛苦
pan - Hellenic 泛希腊的
parable 道德寓言
paradigm 范本
paradox 悖论
paradoxical 荒谬的、悖谬的
parallel 对应
be parallel to 与……对应
particular 特殊的
particularity 特殊性
passion 激情
phantasm 幻影
philistine 庸俗的
philosopher 哲人
philosopher - king 哲人王
philosophic 哲学的,有哲学能力的
unphilosophic 非哲学的,没有哲学能力的
philosophize 哲学探究
philosophy 哲学
piety 虔敬
pious 虔敬的
impious 不虔敬的
pity 怜悯
playful 戏谑的
pleasure 快乐
poem 诗歌
poetic 诗歌的,诗性的
poetry 诗
poet 诗人
political 政治的
political man 政治人
political prudence 政治智慧
sub - political 亚政治的

trans – political 超政治的
possibility 可能性,可能
impossibility 不可能性
potential 潜能,潜在的
practical man 实践人
practitioner 从事者
pray 祈祷
prayer 祈祷
primary 首要的
principle 原则
priority 优先性
procedure 方式,方法
promised land 应许之地
prudence 审慎
purgation 净化
quality 品质
quixotic 堂·吉诃德式的,狂想家的
rank order 等级秩序
rational 理性的
irrational 非理性的
rationality 理性
reality 实在,实在性
reason 理性,原因
unaided human reason 独立的人类理性
reasonable 合理的,有道理的
unreasonable 不合理的
reflection 映像,反映
reform 改革
reformer 改革者
regime 政制
best regime 最佳政制
reputation 名声
reverence 敬畏
revolution 革命
revolutionary 革命者
reward 报酬
rhetoric 修辞术
rhetorician 修辞家
rhythm 节奏
ridicule 嘲弄
right 正当
ruler 统治者
safeguard 保护者
seem 似乎、看来
self – abnegation 自我牺牲
self – contradictory 自相矛盾的
self – control 自制,自我控制
self – defeating 弄巧成拙的
self – indulgence 自我放纵
self – interest 自利
self – love 自爱
self – overcome 自我克服
self – preservative 自我保存的
self – respect 自尊
self – restraint 自制,自我克制

sensuality 感官
sentiment 情感
sexual appetite 性欲
sexual desire 性欲
sexual passion 性激情
shade 鬼魂
shadow 阴影
shame 羞耻
　sense of shame 羞耻感
should 应该
simple 简单的
simply 仅仅,只不过,完全
situation 境遇
skepticism 怀疑主义
skill 技能
sophistic 智术师式的
sophists 智术师
soul 灵魂
source 来源
speech 言辞,演说
spiritedness 血气,精神
statesman 政治家
statesmanlike 有政治家风范的
statesmanship 政治家技艺
stranger 生人
subject matter 对象
substance 本质
substitute 替代物
superior 优越的
superiority 优越性
supplement 补充物
tale 故事
tamed 温顺的
taste 品味,口味,旨趣
tension 紧张
theogony 神谱
theology 神学
theoretical 理论的
theoretical man 理论人
think - tank 思想所
thought 思想
thoughtful 深思熟虑的
timocracy 荣誉政制
timocrat 喜爱荣誉的人
timocratic 喜爱荣誉的
tragedy 悲剧
tragical 悲剧的
treatise 论文
trust 信念
twofold 双重的
tyrannic 僭政式的,僭主式的
tyranny 僭主政制,僭政
universal 普遍的,普遍性
universality 普遍性
utilitarian 功利主义者
utopia 乌托邦

utopianism 乌托邦主义
valetudinarian 体弱多病之人
value - free 价值无涉的
vice 恶行,邪恶
view of nature 自然观
view of the whole 整全观
virtue 德性
  citizen virtue 公民德性
  four cardinal virtues 四枢德
  moral virtue 道德德性
  intellectual virtue 理智德性
  practical virtue 实践德性
  social virtue 社会德性
  theoretical virtue 理论德性
visible world 可见世界
vulgar 流俗的,流俗的大众
wage - earner 挣工资者
warrior 战士
wave 浪潮
way of life 生活方式
whole 整全,整体;整体的,整个的
wisdom 智慧
wise 智慧的
world view 世界观

图书在版编目（CIP）数据

人应该如何生活：柏拉图《王制》释义/（美）阿兰·布鲁姆(Allan Bloom)著；刘晨光译. --2 版. --北京：华夏出版社有限公司，2020. 9
（西方传统：经典与解释）
书名原文：The Republic of Plato
ISBN 978-7-5080-9827-2

Ⅰ.①人… Ⅱ.①阿… ②刘… Ⅲ.①柏拉图(Platon 前 427-前 347)一哲学思想一研究 Ⅳ.①B502.232

中国版本图书馆 CIP 数据核字(2020)第 036477 号



人应该如何生活——柏拉图《王制》释义

作　　者　[美]阿兰·布鲁姆
译　　者　刘晨光
责任编辑　刘雨潇
责任印制　刘　洋

出版发行　华夏出版社有限公司
经　　销　新华书店
印　　装　北京汇林印务有限公司
版　　次　2020 年 9 月北京第 2 版　　2020 年 9 月北京第 1 次印刷
开　　本　880×1230　1/32
印　　张　7
字　　数　210 千字
定　　价　59.00 元

华夏出版社有限公司　地址：北京市东直门外香河园北里 4 号　邮编：100028
网址：www. hxph. com. cn　电话：(010)64663331(转)

西方传统：经典与解释

Classici et Commentarii

HERMES

刘小枫◎主编

## 古今丛编

克尔凯郭尔 [美]江思图 著

货币哲学 [德]西美尔 著

孟德斯鸠的自由主义哲学 [美]潘戈 著

莫尔及其乌托邦 [德]考茨基 著

试论古今革命 [法]夏多布里昂 著

但丁：皈依的诗学 [美]弗里切罗 著

在西方的目光下 [英]康拉德 著

大学与博雅教育 董成龙 编

探究哲学与信仰 [美]郝岚 著

民主的本性 [法]马南 著

梅尔维尔的政治哲学 李小均 编/译

席勒美学的哲学背景 [美]维塞尔 著

果戈里与鬼 [俄]梅列日科夫斯基 著

自传性反思 [美]沃格林 著

黑格尔与普世秩序 [美]希克斯 等著

新的方式与制度 [美]曼斯菲尔德 著

科耶夫的新拉丁帝国 [法]科耶夫 等著

《利维坦》附录 [英]霍布斯 著

或此或彼(上、下) [丹麦]基尔克果 著

海德格尔式的现代神学 刘小枫 选编

双重束缚 [法]基拉尔 著

古今之争中的核心问题 [德]迈尔 著

论永恒的智慧 [德]苏索 著

宗教经验种种 [美]詹姆斯 著

尼采反卢梭 [美]凯斯·安塞尔-皮尔逊 著

舍勒思想评述 [美]弗林斯 著

诗与哲学之争 [美]罗森 著

神圣与世俗 [罗]伊利亚德 著

但丁的圣约书 [美]霍金斯 著

## 古典学丛编

赫西俄德的宇宙 [美]珍妮·施特劳斯·克莱 著

论王政 [古罗马]金嘴狄翁 著

论希罗多德 [古罗马]卢里叶 著

探究希腊人的灵魂 [美]戴维斯 著

尤利安文选 马勇 编/译

论月面 [古罗马]普鲁塔克 著

雅典谐剧与逻各斯 [美]奥里根 著

菜园哲人伊壁鸠鲁 罗晓颖 选编

《劳作与时日》笺释 吴雅凌 撰

希腊古风时期的真理大师 [法]德蒂安 著

古罗马的教育 [英]葛怀恩 著

古典学与现代性 刘小枫 编

表演文化与雅典民主政制
[英]戈尔德希尔、奥斯本 编

西方古典文献学发凡 刘小枫 编

古典语文学常谈 [德]克拉夫特 著

古希腊文学常谈 [英]多佛 等著

撒路斯特与政治史学 刘小枫 编

希罗多德的王霸之辨 吴小锋 编/译

第二代智术师 [英]安德森 著

英雄诗系笺释 [古希腊]荷马 著

统治的热望 [美]福特 著

论埃及神学与哲学 [古希腊]普鲁塔克 著

凯撒的剑与笔 李世祥 编/译

伊壁鸠鲁主义的政治哲学
[意]詹姆斯·尼古拉斯 著

修昔底德笔下的人性 [美]欧文 著

修昔底德笔下的演说 [美]斯塔特 著

古希腊政治理论 [美]格雷纳 著

神谱笺释 吴雅凌 撰

赫西俄德：神话之艺
[法]居代·德·拉孔波 等著

赫拉克勒斯之盾笺释 罗逍然 译笺

《埃涅阿斯纪》章义 王承教 选编

维吉尔的帝国 [美]阿德勒 著

塔西佗的政治史学 曾维术 编

古希腊诗歌丛编
古希腊早期诉歌诗人 [英]鲍勒 著
诗歌与城邦 [美]费拉格、纳吉 主编
阿尔戈英雄纪（上、下）
[古希腊]阿波罗尼俄斯 著
俄耳甫斯教祷歌 吴雅凌 编译
俄耳甫斯教辑语 吴雅凌 编译

古希腊肃剧注疏集
希腊肃剧与政治哲学 [美]阿伦斯多夫 著

古希腊礼法研究
宙斯的正义 [英]劳埃德-琼斯 著
希腊人的正义观 [英]哈夫洛克 著

廊下派集
廊下派的苏格拉底 程志敏 徐健 选编
廊下派的神和宇宙 [墨]里卡多·萨勒斯 编
廊下派的城邦观 [英]斯科菲尔德 著

希伯莱圣经历代注疏
希腊化世界中的犹太人 [英]威廉逊 著
第一亚当和第二亚当 [德]朋霍费尔 著

新约历代经解
属灵的寓意 [古罗马]俄里根 著

基督教与古典传统
保罗与马克安 [德]文森 著
加尔文与现代政治的基础 [美]汉考克 著
无执之道 [德]文森 著
恐惧与战栗 [丹麦]基尔克果 著
托尔斯泰与陀思妥耶夫斯基
[俄]梅列日科夫斯基 著
论宗教大法官的传说 [俄]罗赞诺夫 著
海德格尔与有限性思想（重订版）
刘小枫 选编
上帝国的信息 [德]拉加茨 著
基督教理论与现代 [德]特洛尔奇 著
亚历山大的克雷芒 [意]塞尔瓦托·利拉 著
中世纪的心灵之旅 [意]圣·波纳文图拉 著

德意志古典传统丛编
论荷尔德林 [德]沃尔夫冈·宾德尔 著
彭忒西勒亚 [德]克莱斯特 著
穆佐书简 [奥]里尔克 著
纪念苏格拉底——哈曼文选 刘新利 选编
夜颂中的革命和宗教 [德]诺瓦利斯 著
大革命与诗化小说 [德]诺瓦利斯 著
黑格尔的观念论 [美]皮平 著
浪漫派风格——施勒格尔批评文集 [德]施勒格尔 著

美国宪政与古典传统
美国1787年宪法讲疏 [美]阿纳斯塔普罗 著

启蒙研究丛编
浪漫的律令 [美]拜泽尔 著
现实与理性 [法]科维纲 著
论古人的智慧 [英]培根 著
托兰德与激进启蒙 刘小枫 编
图书馆里的古今之战 [英]斯威夫特 著

政治史学丛编
伊丽莎白时代的世界图景 [英]蒂利亚德 著
西方古代的天下观 刘小枫 编
从普遍历史到历史主义 刘小枫 编
自然科学史与玫瑰 [法]雷比瑟 著

地缘政治学丛编
克劳塞维茨之谜 [英]赫伯格-罗特 著
太平洋地缘政治学 [德]卡尔·豪斯霍弗 著

荷马注疏集
不为人知的奥德修斯 [美]诺特维克 著
模仿荷马 [美]丹尼斯·麦克唐纳 著

品达注疏集
幽暗的诱惑 [美]汉密尔顿 著

欧里庇得斯集
自由与僭越 罗峰 编译

阿里斯托芬集
《阿卡奈人》笺释 [古希腊]阿里斯托芬 著

## 色诺芬注疏集

居鲁士的教育 [古希腊]色诺芬 著
色诺芬的《会饮》 [古希腊]色诺芬 著

## 柏拉图注疏集

挑战戈尔戈 李致远 选编
论柏拉图《高尔吉亚》的统一性 [美]斯托弗 著
立法与德性——柏拉图《法义》发微 林志猛 编
柏拉图的灵魂学 [加]罗宾逊 著
柏拉图书简 彭磊 译注
克力同章句 程志敏 郑兴凤 撰
哲学的奥德赛——《王制》引论 [美]郝兰 著
爱欲与启蒙的迷醉 [美]贝尔格 著
为哲学的写作技艺一辩 [美]伯格 著
柏拉图式的迷宫——《斐多》义疏 [美]伯格 著
哲学如何成为苏格拉底式的 [美]朗佩特 著
苏格拉底与希琵阿斯 王江涛 编译
理想国 [古希腊]柏拉图 著
谁来教育老师 刘小枫 编
立法者的神学 林志猛 编
柏拉图对话中的神 [法]薇依 著
厄庇诺米斯 [古希腊]柏拉图 著
智慧与幸福 程志敏 选编
论柏拉图对话 [德]施莱尔马赫 著
柏拉图《美诺》疏证 [美]克莱因 著
政治哲学的悖论 [美]郝岚 著
神话诗人柏拉图 张文涛 选编
阿尔喀比亚德 [古希腊]柏拉图 著
叙拉古的雅典异乡人 彭磊 选编
阿威罗伊论《王制》 [阿拉伯]阿威罗伊 著
《王制》要义 刘小枫 选编
柏拉图的《会饮》 [古希腊]柏拉图 等著
苏格拉底的申辩(修订版) [古希腊]柏拉图 著
苏格拉底与政治共同体 [美]尼柯尔斯 著
政制与美德——柏拉图《法义》疏解 [美]潘戈 著
《法义》导读 [法]卡斯代尔·布舒奇 著
论真理的本质 [德]海德格尔 著
哲人的无知 [德]费勃 著
米诺斯 [古希腊]柏拉图 著
情敌 [古希腊]柏拉图 著

## 亚里士多德注疏集

《诗术》译笺与通绎 陈明珠 撰
亚里士多德《政治学》中的教诲 [美]潘戈 著
品格的技艺 [美]加佛 著
亚里士多德哲学的基本概念 [德]海德格尔 著
《政治学》疏证 [意]托马斯·阿奎那 著
尼各马可伦理学义疏 [美]伯格 著
哲学之诗 [美]戴维斯 著
对亚里士多德的现象学解释 [德]海德格尔 著
城邦与自然——亚里士多德与现代性 刘小枫 编
论诗术中篇义疏 [阿拉伯]阿威罗伊 著
哲学的政治 [美]戴维斯 著

## 普鲁塔克集

普鲁塔克的《对比列传》 [英]达夫 著
普鲁塔克的实践伦理学 [比利时]胡芙 著

## 阿尔法拉比集

政治制度与政治箴言 阿尔法拉比 著

## 马基雅维利集

君主及其战争技艺 娄林 选编

## 莎士比亚绎读

脱节的时代 [匈]阿格尼斯·赫勒 著
莎士比亚的历史剧 [英]蒂利亚德 著
莎士比亚戏剧与政治哲学 彭磊 选编
莎士比亚的政治盛典 [美]阿鲁里斯/苏利文 编
丹麦王子与马基雅维利 罗峰 选编

## 洛克集

上帝、洛克与平等 [美]沃尔德伦 著

## 卢梭集

论哲学生活的幸福 [德]迈尔 著
致博蒙书 [法]卢梭 著
政治制度论 [法]卢梭 著

哲学的自传 [美]戴维斯 著
文学与道德杂篇 [法]卢梭 著
设计论证 [美]吉尔丁 著
卢梭的自然状态 [美]普拉特纳 等著
卢梭的榜样人生 [美]凯利 著

**莱辛注疏集**

汉堡剧评 [德]莱辛 著
关于悲剧的通信 [德]莱辛 著
《智者纳坦》(研究版) [德]莱辛 等著
启蒙运动的内在问题 [美]维塞尔 著
莱辛剧作七种 [德]莱辛 著
历史与启示——莱辛神学文选 [德]莱辛 著
论人类的教育 [德]莱辛 著

**尼采注疏集**

何为尼采的扎拉图斯特拉 [德]迈尔 著
尼采引论 [德]施特格迈尔 著
尼采与基督教 刘小枫 编
尼采眼中的苏格拉底 [美]丹豪瑟 著
尼采的使命 [美]朗佩特 著
尼采与现时代 [美] 朗佩特 著
动物与超人之间的绳索 [德]A.彼珀 著

**施特劳斯集**

论僭政(重订本) [美]施特劳斯 [法]科耶夫 著
苏格拉底问题与现代性(增订本)
犹太哲人与启蒙(增订本)
霍布斯的宗教批判
斯宾诺莎的宗教批判
门德尔松与莱辛
哲学与律法——论迈蒙尼德及其先驱
迫害与写作艺术
柏拉图式政治哲学研究
论柏拉图的《会饮》
柏拉图《法义》的论辩与情节
什么是政治哲学
古典政治理性主义的重生(重订本)
回归古典政治哲学——施特劳斯通信集
苏格拉底与阿里斯托芬

***

施特劳斯的持久重要性 [美]朗佩特 著
论源初遗忘 [美]维克利 著
政治哲学与启示宗教的挑战 [德]迈尔 著
阅读施特劳斯 [美]斯密什 著
施特劳斯与流亡政治学 [美]谢帕德 著
隐匿的对话 [德]迈尔 著
驯服欲望 [法]科耶夫 等著

**施米特集**

宪法专政 [美]罗斯托 著
施米特对自由主义的批判 [美]约翰·麦考米克 著

**伯纳德特集**

古典诗学之路(第二版) [美]伯格 编
弓与琴(重订本) [美]伯纳德特 著
神圣的罪业 [美]伯纳德特 著

**布鲁姆集**

巨人与侏儒(1960-1990)
人应该如何生活——柏拉图《王制》释义
爱的设计——卢梭与浪漫派
爱的戏剧——莎士比亚与自然
爱的阶梯——柏拉图的《会饮》
伊索克拉底的政治哲学

**沃格林集**

自传体反思录 [美]沃格林 著

**大学素质教育读本**

古典诗文绎读 西学卷·古代编(上、下)
古典诗文绎读 西学卷·现代编(上、下)

**柏拉图读本(刘小枫 主编)**

吕西斯 贺方婴 译
苏格拉底的申辩 程志敏 译

中国传统：经典与解释

Classici et Commentarii

经典与解释

刘小枫 陈少明◎主编

《孔丛子》训读及研究 / 雷欣翰 撰

论语说义 / [清]宋翔凤 撰

周易古经注解考辨 / 李炳海 著

浮山文集 / [明]方以智 著

药地炮庄 / [明]方以智 著

药地炮庄笺释·总论篇 / [明]方以智 著

青原志略 / [明]方以智 编

冬灰录 / [明]方以智 著

冬炼三时传旧火 / 邢益海 编

《毛诗》郑王比义发微 / 史应勇 著

宋人经筵诗讲义四种 / [宋]张纲 等撰

道德真经藏室纂微篇 / [宋]陈景元 撰

道德真经四子古道集解 / [金]寇才质 撰

皇清经解提要 / [清]沈豫 撰

经学通论 / [清]皮锡瑞 著

松阳讲义 / [清]陆陇其 著

起凤书院答问 / [清]姚永朴 撰

周礼疑义辨证 / 陈衍 撰

《铎书》校注 / 孙尚扬 肖清和 等校注

韩愈志 / 钱基博 著

论语辑释 / 陈大齐 著

《庄子·天下篇》注疏四种 / 张丰乾 编

荀子的辩说 / 陈文洁 著

古学经子 / 王锦民 著

经学以自治 / 刘少虎 著

从公羊学论《春秋》的性质 / 阮芝生 撰

刘小枫集

民主与政治德性

昭告幽微

以美为鉴

古典学与古今之争［增订本］

这一代人的怕和爱［第三版］

沉重的肉身［珍藏版］

圣灵降临的叙事［增订本］

罪与欠

儒教与民族国家

拣尽寒枝

施特劳斯的路标

重启古典诗学

设计共和

现代人及其敌人

海德格尔与中国

共和与经纶

现代性与现代中国

现代性社会理论绪论

诗化哲学［重订本］

拯救与逍遥［修订本］

走向十字架上的真

西学断章

编修［博雅读本］

凯若斯：古希腊语文读本［全二册］

古希腊语文学述要

雅努斯：古典拉丁语文读本

古典拉丁语文学述要

危微精一：政治法学原理九讲

琴瑟友之：钢琴与古典乐色十讲

译著

普罗塔戈拉（详注本）

柏拉图四书

## 经典与解释辑刊

1 柏拉图的哲学戏剧
2 经典与解释的张力
3 康德与启蒙
4 荷尔德林的新神话
5 古典传统与自由教育
6 卢梭的苏格拉底主义
7 赫尔墨斯的计谋
8 苏格拉底问题
9 美德可教吗
10 马基雅维利的喜剧
11 回想托克维尔
12 阅读的德性
13 色诺芬的品味
14 政治哲学中的摩西
15 诗学解诂
16 柏拉图的真伪
17 修昔底德的春秋笔法
18 血气与政治
19 索福克勒斯与雅典启蒙
20 犹太教中的柏拉图门徒
21 莎士比亚笔下的王者
22 政治哲学中的莎士比亚
23 政治生活的限度与满足
24 雅典民主的谐剧
25 维柯与古今之争
26 霍布斯的修辞
27 埃斯库罗斯的神义论
28 施莱尔马赫的柏拉图
29 奥林匹亚的荣耀
30 笛卡尔的精灵
31 柏拉图与天人政治
32 海德格尔的政治时刻
33 荷马笔下的伦理
34 格劳秀斯与国际正义
35 西塞罗的苏格拉底
36 基尔克果的苏格拉底
37《理想国》的内与外
38 诗艺与政治
39 律法与政治哲学
40 古今之间的但丁
41 拉伯雷与赫尔墨斯秘学
42 柏拉图与古典乐教
43 孟德斯鸠论政制衰败
44 博丹论主权
45 道伯与比较古典学
46 伊索寓言中的伦理
47 斯威夫特与启蒙
48 赫西俄德的世界
49 洛克的自然法辩难
50 斯宾格勒与西方的没落
51 地缘政治学的历史片段
52 施米特论战争与政治
53 普鲁塔克与罗马政治
54 罗马的建国叙述
55 亚历山大与西方的大一统
56 马西利乌斯的帝国
57 日本的近代化与朝鲜战争